Deadlock Provisions

Deadlock Provisions
RESOLUÇÃO CONTRATUAL DE CONFLITOS SOCIETÁRIOS

2017

Marcelo Dourado Cox

DEADLOCK PROVISIONS
RESOLUÇÃO CONTRATUAL DE CONFLITOS SOCIETÁRIOS
© Almedina, 2017

AUTOR: Marcelo Dourado Cox
DIAGRAMAÇÃO: Almedina
DESIGN DE CAPA: FBA
ISBN: 978-858-49-3220-7

Dados Internacionais de Catalogação na Publicação (CIP)
(Câmara Brasileira do Livro, SP, Brasil)

Cox, Marcelo Dourado
Deadlock provisions : resolução contratual de conflitos societários / Marcelo Dourado Cox. –
São Paulo : Almedina, 2017.
Bibliografia
ISBN: 978-85-8493-220-7
1. Direito societário I. Título.

17-04825   CDU-347.7

Índices para catálogo sistemático:
1. Direito societário 347.7

Este livro segue as regras do novo Acordo Ortográfico da Língua Portuguesa (1990).

Todos os direitos reservados. Nenhuma parte deste livro, protegido por copyright, pode ser reproduzida, armazenada ou transmitida de alguma forma ou por algum meio, seja eletrônico ou mecânico, inclusive fotocópia, gravação ou qualquer sistema de armazenagem de informações, sem a permissão expressa e por escrito da editora.

Junho, 2017

EDITORA: Almedina Brasil
Rua José Maria Lisboa, 860, Conj.131 e 132, CEP: 01423-001 São Paulo | Brasil
editora@almedina.com.br
www.almedina.com.br

À Carla, minha sempre querida esposa.

SUMÁRIO

INTRODUÇÃO	9
1 DELIMITAÇÃO DO TEMA	13
1.1. Sociedade Comercial	13
1.1.1. Sociedade sem Controle Definido	14
1.2. Manifestação de Vontade nas Sociedades Comerciais	17
1.2.1. Quóruns	18
1.2.2. Consequência da Inexistência de Quórum	20
1.3. Impasse Societário	23
1.3.1. Ocorrência	23
2. FORMAS DE RESOLUÇÃO DE CONFLITOS	27
2.1. Judiciário	27
2.2. Arbitragem	30
2.3. Mediação e Conciliação	33
2.4. Soluções Contratuais	34
2.5. Outras Formas de Solução de Conflitos	36
2.6. Opção de Compra e Opção de Venda (Put Options and Call Options)	39
2.6.1. Cláusula de Compra e Venda Forçada Recíproca (Deadlock Provision)	43
2.6.2. Quando negociar	45
2.6.3. Compra e venda forçada e o Judiciário	47
3. CUIDADOS AO NEGOCIAR	51
3.1. Vesting e Triggers	51
3.1.1. Vesting: Quando a Cláusula poderá ser utilizada	51
3.1.2. Definindo Materialidade	52

	3.1.3.	Definindo Conflito Intransponível	52
	3.1.4.	Definindo quem fará a primeira oferta	53
3.2.	Dissolução Parcial Latu Sensu		55
3.3.	Precificação e Prazo de Resposta		57
	3.3.1.	Formação do Preço	57
	3.3.2.	Precificação em caso de disparidade de recursos	57
	3.3.3.	Precificação em caso de disparidade de participações	58
	3.3.4.	Limites à Vontade das Partes na Precificação	59
3.4.	Exequibilidade		60
	3.4.1.	Exequibilidade Arbitral	60
	3.4.2.	Exequibilidade Extrajudicial ou Auto Exequibilidade.	61
	3.4.3.	Mandato Contratual	62
3.5.	Principais Diferenças entre as Cláusulas		63
	3.5.1.	Ofertas Firmes (Russian Roulette ou Shotgun)	63
	3.5.2.	Envelopes Lacrados (Mexican Shoot-Out, Fairest Sealed Bid e Dutch Auction)	66
	3.5.3.	Ofertas Sucessivas (Shoot-Out Auction e Sale Shoot-Out)	67
	3.5.4.	Outras Cláusulas	68
3.6	Onde incluir as Cláusulas		69

4 COMPRA E VENDA FORÇADA E TEORIA DOS JOGOS — 71
    4.1. Tipos de Jogos — 73
        4.1.1 Em relação à ordem dos movimentos — 73
        4.1.2 Em relação à quantidade de rodadas — 74
        4.1.3 Em relação à possibilidade de adicionar valor — 75
        4.1.4 Em relação à dinâmica entre os jogadores — 77
        4.1.5. Em relação à disponibilidade de informações — 77
    4.2. Dilema dos Prisioneiros — 78
    4.3. Análise em Teoria dos Jogos — 79
        4.3.1. Regras — 79
        4.3.2. Resultados (Payoffs) — 80
    4.4. Ofertas Firmes — 80
    4.5. Envelopes Lacrados — 82
    4.6. Ofertas Sucessivas — 84

CONCLUSÃO — 87
ANEXO I – Quoruns de Deliberação — 89
ANEXO II – Exemplos de Cláusulas — 95
ANEXO III – Exemplo de Procuração — 99
REFERÊNCIAS BIBLIOGRÁFICAS — 101

INTRODUÇÃO

O objetivo deste livro é tratar das cláusulas de compra e venda forçada como mecanismo de solução de conflitos societários materiais intransponíveis em sociedades empresárias sem controle definido.

Como é de conhecimento de todos que trabalham ou já trabalharam com direito societário no Brasil, é muito comum a criação de sociedades com dois sócios nas quais cada um detêm 50% do capital. De acordo com estudo estatístico elaborado pela Fundação Getúlio Vargas sobre Sociedades Limitadas com matriz ou filial no Estado de São Paulo constituídas entre 10 de janeiro de 1993 e 10 de janeiro de 2012: (i) 85,70% tem exatamente dois sócios; (ii) 53,20% não possuem um sócio controlador (com mais de 75% do capital social) e (iii) 44,91% das sociedades tem sócios com participações idênticas.[1].

Esse arranjo societário, que pode existir tanto em grandes *joint ventures* como em pequenas sociedades familiares, é intuitivamente o mais propenso a conflitos societários materiais intransponíveis e, por isso, as sociedades que têm essa composição se beneficiariam de cláusulas de resolução de conflitos.

Dentre as possíveis cláusulas de resolução de conflitos há a cláusula de compra e venda forçada. A falta de doutrina e estatísticas sobre referido tipo de cláusula sugere sua pouca utilização, contudo, pretende-se demonstrar sua eficácia ao longo desta obra.

---

[1] Disponível em https://direitosp.fgv.br/sites/direitosp.fgv.br/files/arquivos/anexos/radiografia_das_ltdas_v5.pdf acessado dia 09 de março de 2017.

Outro aspecto que pode ser observado em algumas sociedades é um certo desinteresse dos sócios no momento da elaboração dos documentos societários. Pode-se dizer que no momento da elaboração desses documentos, as partes envolvidas são movidas, ainda que inconscientemente, pela intenção em desconsiderar que problemas futuros podem ocorrer, e quando consideram a possibilidade de problemas futuros, preferem imaginar que serão resolvidos amigavelmente, de forma pacífica e rápida, como no início do relacionamento comercial entre elas.

O contrato social, por vezes, acaba sendo um documento padronizado e *commoditizado*, que traz apenas os requisitos legais para registro e carece de detalhes quanto às peculiaridades da sociedade a ser constituída a forma de precificação das participações de seus sócios, mecanismos de saída e a forma de resolução de conflitos futuros.

As partes darão atenção a esses pontos somente no futuro, quando o relacionamento já estiver desgastado e diante de situações de conflito societários que não foram resolvidos como se imaginava inicialmente (e.g. um sócio quer vender outro não quer, um sócio quer distribuir os lucros e o outro quer reinvestir na empresa, ou simplesmente um sócio brigou com o outro por razões externas à sociedade e o convívio entre eles não é mais amigável). No entanto, diante de um problema já está instalado, não há mais tantas soluções disponíveis.

A razão do conflito, na verdade, é o que menos interessa para a sua solução. O fato é que sempre que uma decisão necessitar de duas pessoas e essas duas pessoas não chegarem a um consenso, a decisão não será tomada, o que impacta negativamente a operação da sociedade e pode, inclusive, gerar em uma paralização ou mesmo encerramento das suas operações. Ser sócio de uma sociedade não operacional pode ser algo por vezes muito caro, principalmente quando, não raro, a sociedade é a única fonte de renda de um ou de ambos os sócios.

As soluções possíveis para retomar uma sociedade parada são poucas. Buscar a solução do conflito judicialmente é uma alternativa possível, mas muito demorada[2] e, muitas vezes, não definitiva (ainda que o juiz resolva um conflito específico que for objeto da lide, a menos que referido conflito

---

[2] CNJ, Justiça em Números, disponível em http://www.cnj.jus.br/files/conteudo/arquivo/2016/10/b8f46be3dbbff344931a933579915488.pdf acessado dia 09 de março de 2017. p.126.

resulte na saída de um dos sócios ou em uma modificação do controle da sociedade, outros conflitos poderão surgir novamente).

As soluções arbitrais (demorando em média 12 a 14 meses)[3] são mais rápidas que a via judicial, mas sofrem do mesmo problema: uma vez que o conflito chega ao nível de ter de ser resolvido por um terceiro, a relação entre os sócios deixa de ser amigável e novos conflitos serão cada vez mais prováveis. Ademais, a arbitragem no Brasil, por envolver não apenas o pagamento dos advogados, mas também dos árbitros e da câmara arbitral, pode se mostrar mais cara do que o judiciário, podendo em alguns casos ser proibitiva para empresas de pequeno, ou mesmo médio porte.

Tentar resolver um conflito pontual pode nem sempre ser a melhor opção pois nada impede que o que causou o conflito pontual possa vir a causar outros conflitos. Contudo, se um dos sócios se retirasse da sociedade e o outro permanecesse, é de se esperar que os conflitos acabassem. Dessa forma, os conflitos cessariam de uma vez e o sócio remanescente ficaria livre para buscar novos sócios compatíveis com esse novo momento da sua vida empresarial, ou para converter sua sociedade em EIRELI caso seja uma limitada. Essa alternativa traz, porém, dois novos obstáculos a serem superados: (i) qual sócio deve sair; e (ii) qual o valor de saída (apuração de haveres).

Este livro busca demonstrar que uma das formas mais eficientes para a prevenção e resolução de conflitos societários é a inclusão de cláusulas de compra e venda forçada nos documentos societários, eis que essas cláusulas trazem mecanismos para que um dos sócios saia da sociedade recebendo uma avaliação justa pela sua participação.

Esse mecanismo é plenamente aplicável no Brasil e perfeitamente compatível com a legislação pátria. Essas cláusulas também são aqui analisadas pela ótica da teoria dos jogos, de forma a demonstrar que sua inclusão traz valor a ambos os sócios.

A metodologia de pesquisa utilizada: (i) quanto à natureza a pesquisa é aplicada; (ii) quanto à forma de abordagem a pesquisa é qualitativa; (iii) quanto aos objetivos é exploratória; e (iv) quanto aos procedimentos técnicos é bibliográfica.

---

[3] Apresentação no 2º EPAC – Encontro de Profissionais e Acadêmicos de Contabilidade disponível em http://www.sindcontsp.org.br/uploads/acervo/arquivos/mediacao%20e%20arbitragem.pdf acessado dia 09 de março de 2017.

1
Delimitação do Tema

Nesta obra buscou-se abordar as cláusulas de compra e venda forçada como forma de resolução de conflitos societários. Contudo, não são todas as sociedades ou todos os conflitos que se beneficiariam de referidas cláusulas, de forma que se faz necessário delimitar o tema. A primeira delimitação a ser feita é quanto a quais sociedades se beneficiariam de referidas cláusulas.

1.1. Sociedade Comercial

As cláusulas de compra e venda forçada alteram a composição societária de uma Sociedade por meio de uma cessão onerosa da participação societária de um dos sócios ao outro sócio. Esse mecanismo só funcionará adequadamente em sociedades nas quais a participação societária possa ser adequadamente expressa em dinheiro, portanto, será especialmente útil em Sociedades Comerciais.

Sociedade comercial é uma espécie de pessoa jurídica, e, portanto, um ente personificado decorrente de um conjunto de esforços de uma pluralidade de pessoas que, por determinação legal, recebe personalidade e o status de pessoa.

As sociedades comerciais desempenham um importante papel em qualquer economia livre, sendo responsáveis por aproveitar os recursos naturais e humanos da forma mais eficiente possível de forma a trazer lucros aos seus sócios. Com isso, geram externalidades positivas para toda a sociedade, seja entregando produtos que os consumidores querem, seja adquirindo matéria prima de seus fornecedores, seja contratando empregados e prestadores de serviços.

O funcionamento das sociedades comerciais é de suma importância para a sociedade como um todo e por isso soluções de continuidade para as sociedades comerciais, como as cláusulas de compra e venda forçada utilizadas como forma de resolução de conflitos societários, são de suma importância para toda a sociedade civil.

Contudo, não são todas as sociedades comerciais que poderiam utilizar cláusulas de compra e venda e forçada como forma de resolução de conflitos societários. Sociedades altamente reguladas que necessitem de autorização governamental para alterar sua estrutura de controle, por motivos óbvios, dificilmente fariam uso de uma cláusula que gera a alteração de controle. De forma semelhante, sociedades que já possuam um controlador definido dificilmente se encontrarão em situações de conflito que justifiquem a aplicação de referida cláusula.

1.1.1. Sociedade sem Controle Definido

Como dito anteriormente, sociedades com controle, ou seja, sociedades nas quais um sócio possa unilateralmente tomar todas as decisões importantes, não são propicias a impasses entre os sócios. Isso não quer dizer que em referidas sociedades não haja conflitos entre os interesses do sócio majoritário e do sócio minoritário, mas tão somente que o sócio minoritário não tem poder para resistir aos interesses do sócio majoritário.

Embora não restem dúvidas de que nas sociedades nas quais o sócio majoritário é detentor de mais de 99% da participação societária este sócio (não havendo poderes especiais de veto por parte do outro sócio) é o controlador. Também é claro que em sociedades nas quais ambos os sócios detêm participações paritárias (não havendo disposições especiais em documentos parassociais ordenando que o voto de um dos sócios prevaleça) não há controlador.

Contudo, quando se analisa participações diferentes e arranjos especiais de voto, fica mais difícil determinar quais sócios são controladores e quais são minoritários, motivo pelo qual se faz necessário definir o que é uma sociedade sem controle definido para os fins dessa obra.

Para Nelson Eizirik, nos comentários ao artigo 116 da Lei das S.A.

> A Lei das S.A. reconhece a existência do poder de controle acionário nas sociedades anônimas, definindo-o não em função da titularidade da maioria do capital votante, mas essencialmente em virtude do exercício da direção das atividades sociais.

Nos termos do caput deste artigo, a caracterização do acionista controlador requer a observância cumulativa dos 3 (três) requisitos mencionados nas alíneas "a" e "b": (i) a maioria dos votos nas deliberações da assembleia geral; (ii) o poder de eleger a maioria dos administradores da companhia; e (iii) o uso efetivo do poder de controle para dirigir as atividades sociais e orientar o funcionamento dos órgãos da companhia.[4]

Para a Lei das S.A. fica, portanto, entendido que o controle pertence a quem efetivamente o exerce. Esta definição de controle é especialmente útil para analisar quem é o controlador de fato e para identificar e punir eventuais abusos ao poder de controle. Contudo, para os fins da presente obra será necessária outra definição de controle, mais ampla.

O controle descrito pela Lei das S.A. exige apenas que determinado sócio seja capaz de fazer e efetivamente faça duas coisas: (i) aprovar as deliberações que desejar e (ii) eleger a maioria dos administradores. Contudo, referidas ações podem ser conquistadas por meio não apenas de participações societárias e direitos de voto, mas também por meio de atributos pessoais como experiência e carisma. Empresários renomados são capazes por meio de sua competência e carisma de eleger membros e direcionar as atividades de determinada empresa com uma porcentagem do capital social que não asseguraria o controle para pessoas sem o mesmo carisma e competência.

Embora o carisma e a competência sejam mecanismos a serem levados em consideração para fins de identificação de um controlador, não devem ser levados em consideração para fins de escolha de cláusulas de solução de impasse. Tanto o carisma quanto a competência são características pessoais que não acompanham as participações societárias. Um controlador de fato pode acabar vendendo sua participação sem necessariamente vender o controle. Isto também pode ocorrer no caso de morte e sucessão, casos em que a participação societária que passa para os herdeiros não garantirá que estes tenham o carisma e a competência necessários para controlar uma sociedade na qual não tenham direitos de sócios suficientes para exigir o controle.

---

[4] EIZIRIK, Nelson. **A Lei das S/A Comentada. Vol. I. Artigos 1º a 120.** São Paulo. Quartier Latin do Brasil. 2011, p. 665.

Não cabe aqui discutir o tema referente ao controle societário com a profundidade que ele merece, já que, para os fins aqui propostos, a definição de controle só é necessária para determinar se uma cláusula de compra e venda forçada é ou não útil para determinada sociedade. Considerando, ainda, que a existência de uma cláusula de compra e venda forçada em uma sociedade que em princípio, dela não necessite, não traz prejuízos.

Assim, sempre que as decisões necessárias para a eleição da administração e o controle e direção das atividades sociais demandarem a aprovação ou autorização de duas pessoas ou grupos de pessoas, essas duas pessoas estarão em uma situação de controle não definido ou controle conjunto[5].

Mutatis mutandis, a mesma definição de controle usada para as sociedades anônimas pode ser usada para as Limitadas. Dessa forma, é possível considerar controlador na Limitada como sendo todo aquele que: (i) tem a maioria dos votos nas reuniões de sócios; (ii) tem o poder para eleger a maioria dos administradores; e (iii) efetivamente usa os poderes para dirigir as atividades sociais, orientando o funcionamento da sociedade.

Existem discussões infindáveis sobre as nuances do poder de controle, bem como sobre como caracterizar controle conjunto ou controle compartilhado. Não se sabe ao certo em que momento um acordo de acionistas ou acordo de quotistas deixa de ser um acordo de proteção aos minoritários para ser um acordo de compartilhamento de controle. Também não resta claro em que momento o veto à eleição de determinados administradores deixa de caracterizar um simples veto e passa a caracterizar o compartilhamento do poder de eleger a maioria dos administradores.

De qualquer sorte, define-se para os fins desta obra, controle conjunto em função da possibilidade de surgimento de impasses societários, ou seja, quando o voto de mais de uma pessoa seja necessário para a aprovação de matérias relevantes.

Qualquer sociedade aqui analisada será considerada como tendo controle conjunto, e, portanto, poderá se beneficiar de previsões para a resolução extrajudicial de impasses societários quando uma ou mais decisões que possam impactar a continuidade de suas operações necessite da decisão conjunta de pessoas defendendo interesses distintos, ou seja, quando

---

[5] Evitou-se o uso da nomenclatura controle compartilhado, pois referida nomenclatura é utilizada comumente para designar a divisão do controle no âmbito de um bloco de controle criado por intermédio de um acordo de acionistas.

for possível a um sócio, ou grupo de sócios, interromper o funcionamento normal da sociedade ao consistentemente barrar a aprovação de deliberações necessárias para o seu funcionamento, criando um conflito societário intransponível, também conhecido como impasse societário ou *deadlock societário*.

Ao definir a ausência de controle em função da possibilidade de surgimento de conflitos intransponíveis é possível limitar o escopo deste livro apenas para as sociedades que se beneficiariam de uma cláusula de compra e venda forçada, fugindo de divagações sobre limites do poder de controle, que renderiam um estudo a parte.

Uma vez analisado em quais sociedades uma cláusula de compra e venda forçada seria aplicável, vale entender em que situações referidas cláusulas seriam aplicáveis, ou seja, os conflitos societários, motivo pelo qual se faz necessário estudar como se dá a manifestação de vontade nas sociedades comerciais.

1.2. Manifestação de Vontade nas Sociedades Comerciais

As sociedades comerciais, assim como as demais pessoas jurídicas, não se confundem, com as pessoas de seus sócios, administradores e diretores, ressalvadas pontuais exceções previstas em lei (e.g. artigo 50 do Código Civil).

Por este motivo, as sociedades comerciais necessitam constituir órgãos formados por seus sócios e administradores para serem representadas ou presentadas, conforme ensina Alcir da Silva:

> Não é de outra forma que se posiciona PONTES DE MIRANDA, no seu clássico Tratado de Direito Privado, ao afirmar: "A sociedade comercial, como pessoa jurídica não se faz presentar, mas se faz presente pelo seu órgão (apud Rubens Requião, ob. cit.)[6]

A forma pela qual a sociedade empresária se faz presente e manifesta sua vontade depende da deliberação dos seus órgãos colegiados ou da decisão unilateral dos seus administradores, conforme o caso. Nesse sentido, Nelson Eizirik define o ato de deliberar como:

---

[6] SILVA, Alcir da, **A Delegação da Gerência nas Sociedades por Quotas de Responsabilidade Limitada**, Rio de Janeiro. Revista de Direito da Procuradoria-Geral do Estado do Rio de Janeiro, nº 52, 1999, p. 170, disponível em http://download.rj.gov.br/documentos/10112/813727/DLFE-47873.pdf/Revista52Doutrina_pg_167_a_178.pdf acessado dia 09 de março de 2017.

Deliberar constitui ato voluntário de decidir. O efeito do ato é a formação da vontade social do grupo. Deliberação é o processo de decisão coletiva que forma a vontade social.[7]

As deliberações são feitas por meio de reuniões ou assembleias, as quais exigem certas formalidades para serem válidas, incluindo a existência de quórum de instalação. Uma vez instaladas, as deliberações ocorrem por meio de voto. As matérias mais simples dependem, em regra, do voto afirmativo de mais de metade dos votos dos presentes. Contudo, a lei estabelece quóruns superiores para matérias consideradas mais sensíveis. Além disso, os documentos societários têm o poder de aumentar o quórum necessário para a aprovação das matérias que os sócios julgarem mais importantes.

A verificação dos quóruns de cada sociedade, é de suma importância para entender as relações de poder entre os sócios e para determinar se as decisões dependem apenas de um dos sócios ou se a aprovação de determinada matéria exige o consentimento de mais de um sócio.

Nesse momento, cabe dividir as sociedades empresárias em seus dois tipos mais comuns, as sociedades por quotas de responsabilidade limitada ("**Limitadas**"), e sociedades anônimas ou sociedades por ações ("**S.A.**"), de forma a analisar as peculiaridades de ambas em relação à existência ou não de quórum.

Como regra geral é necessário cinquenta por cento mais uma das ações para se controlar uma S.A. e setenta e cinco por cento do capital social para se controlar uma sociedade limitada. Contudo, tanto a S.A. quanto a limitada possuem diversos quóruns para matérias distintas que podem ser alterados pelo contrato social e por acordos entre os sócios.

1.2.1. Quóruns

Quórum de Instalação nas Limitadas: Para que os sócios possam decidir, é necessário que reuniões sejam devidamente instaladas. As Limitadas possuem dois quóruns de instalação, conforme dispõe o artigo 1.074 do Código Civil: (i) 75% do Capital Social em primeira convocação e; (ii) qualquer número de sócios em segunda convocação.

---

[7] Eizirik, Nelson. **A Lei das S/A Comentada. Vol. II – Artigos 121 a 188**. São Paulo: Quartier Latin, 2011. p. 106.

Quórum de Deliberação nas Limitadas: Uma vez atingido o quórum para a deliberação de determinada matéria é necessário verificar se a matéria será aprovada, é, portanto, necessário verificar o quórum de aprovação. Os quóruns de deliberação das Limitadas não estão claramente agrupados no mesmo artigo do Código Civil, motivo pelo qual mais detalhes foram incluídos no Anexo I.

Quórum de Instalação nas S.A.: De forma semelhante ao que ocorre com as Limitadas, as S.A. possuem dois quóruns de instalação distintos previstos no artigo 125 da Lei das S.A.: (i) 25% do capital votante em primeira convocação e; (ii) qualquer número de sócios em segunda convocação.

Quórum de Deliberação das S.A.: A Lei das S.A. traz como quórum básico a "maioria absoluta". Essa expressão designa a maioria dos votos válidos entre os presentes, excluindo-se da contagem todos os acionistas que se abstiverem de votar, que votarem em branco, e que estejam, por qualquer razão, impedidos de votar ou cujo voto represente uma infração ao acordo de acionistas.

Nesse sentido entende Nelson Eizirik.

> O *quorum* de maioria absoluta é também denominado *quorum* eventual, uma vez que é fixado no momento da deliberação, pois depende da presença dos acionistas na assembleia geral. Não integram a base de cálculo os votos em branco, os dos acionistas que se encontram impedidos de votar determinada matéria e os proferidos com infração de acordo de acionistas devidamente arquivado na sede da Companhia (art. 118§ 8º), pois o *quorum* da maioria absoluta verifica-se mediante o capital que pode votar representado pelos acionistas presentes à assembleia geral.[8]

A forma de cômputo dos votos nas deliberações das S.A. é um pouco mais complexa do que a das Limitadas. Isto porque nem toda a ação tem direito a voto, mas mesmo as ações sem direito a votos têm algum grau de poder político e podem adquirir direito a voto em determinadas circunstancias. Não bastasse isso, alguns não acionistas como debenturistas, por exemplo, podem receber direito a voto em determinadas circunstâncias.

---

[8] EIZIRIK, Nelson. **A Lei das S/A Comentada. Vol. II – Arts. 121 a 188**. São Paulo: Quartier Latin, 2011. p. 106.

Também vale lembrar que os quóruns previstos em lei podem ser aumentados pelo Estatuto Social e, em casos muito, específicos podem ser reduzidos mediante aprovação da Comissão de Valores Mobiliários ("CVM"), feitas as ressalvas necessárias.

Pode-se ver a tabela constante do Anexo I como referência dos principais quóruns trazidos pela Lei das S.A.

Uma vez estabelecido o sistema de quóruns das sociedades limitadas e das S.A. resta estudarmos o que ocorre quando o quórum não é atingido.

1.2.2. Consequência da Inexistência de Quórum

Ausência de Quórum nas Limitadas Existe uma previsão no artigo 1.010 §2º do Código Civil, na parte de Sociedades Simples, que deveria ser aplicável às Limitadas por força do artigo 1.053 que dispõe que, em caso de empate, prevalecerá a decisão que tiver o voto de mais sócios e, persistindo o empate, a questão será decidida por um juiz.

Atribuir essa decisão ao Poder Judiciário pode ser um tanto quanto problemático. Isto porque, nos casos de decisões empresariais (i.e. aprovação de orçamentos, destinação dos lucros, troca de equipamentos, diversificação de produtos, etc.) apesar dos esforços feitos pelos juízes para chegar à solução do impasse e para se entender questões técnicas, muitas vezes e, dependendo do tipo de impasse, o próprio juiz poderá sentir que não possui preparo ou conhecimento sobre as particularidades da sociedade (não se pretende minar as qualidades dos juízes, contudo, não é possível esperar que tenham conhecimento em todas as áreas do saber de forma a conseguir tomar decisões empresariais acertadas para empresas de todos os setores da economia), o que pode prejudicar a tomada da decisão mais acertada ou fazer com que a decisão demande muito mais tempo do que necessitaria.

Nesse contexto seria mais produtivo se a lei previsse, expressamente, a possibilidade (ou mesmo obrigatoriedade) de que os juízes se valessem de mecanismo semelhante ao da Lei Federal nº 11.101/2005 (Falências e Recuperações Judiciais), indicando um administrador judicial que pudesse, sob supervisão judicial, decidir as questões empresariais objeto do impasse. Outra solução produtiva seria se o Judiciário pudesse, ao verificar um conflito, impor um mecanismo de compra e venda forçada de forma que um dos sócios pudesse comprar a participação do outro. A mera possibilidade da aplicação pelo Judiciário do referido mecanismo seria o suficiente para fazer com que os sócios resolvessem seus conflitos extrajudicialmente.

Outra crítica que se pode fazer a esse artigo é que não existe formalmente empate em deliberações sujeitas a quórum. Ou se tem quórum ou não se tem. É possível que o legislador tenha considerado que em situações em que há a mesma quantidade de votos para ambos os lados, seria melhor dar à matéria uma segunda chance de aprovação em vez de considerar a matéria como não aprovada.

Outra interpretação possível seria entender, conforme ensina Renato Berger, que o artigo que trata de empate não deveria ser aplicado às Limitadas:

> A rigor, não existe verdadeiramente empate em deliberações sociais.
>
> A situação é diferente do futebol, em que são três resultados possíveis: vitória, derrota e empate. No campo societário, só existem duas opções: (i) se o quórum de deliberação é atingido, a matéria é aprovada; (ii) se o quórum de deliberação não é atingido a matéria não é aprovada.
>
> (...)
>
> Considerando que as normas das sociedades limitadas não estipulam critério de desempate, parece melhor entender que, nessas sociedades, foi preservado o verdadeiro conceito de aprovação ou não das matérias se o quórum de deliberação for ou não atingido.
>
> Sendo assim, o que poderia existir na sociedade limitada não seria um empate, mas um verdadeiro impasse, ou seja, uma situação em que nenhuma deliberação é aprovada porque os sócios têm interesses antagônicos e o quórum de deliberação nunca é atingido.
>
> Essa situação, porém, representa paralisia social grave, devendo ser buscados remédios drásticos que incluem a saída de sócios ou até a dissolução completa da Sociedade.[9]

Embora a interpretação pretendida por Renato Berger seja válida, uma análise do sistema jurídico como um todo leva a outra conclusão. A Lei das S.A. também possui uma previsão para solução de empates, conforme analisado em seguida. Não é razoável crer que nas sociedades limitadas se preservou o verdadeiro conceito de aprovação societária enquanto nas S.A. um tipo societário tido como mais complexo, não se teve esse cuidado.

---

[9] BERGER, Renato. **Pequenas Respostas para Grandes Perguntas (Sobre Limitadas)** in AZEVEDO, Luís André N. de Moura e CASTRO, Rodrigo R. Monteiro de (coord.). **Sociedade Limitada Contemporânea**. São Paulo, Quartier Latin, 2013. p. 448 e 449.

Ausência de Quórum nas Sociedades Anônimas De forma semelhante ao que ocorre nas Limitadas, as S.A. têm uma previsão para casos de "empate" no artigo 129, §2º da Lei das S.A. Dita o referido artigo que:

> Art. 129. As deliberações da assembleia-geral, ressalvadas as exceções previstas em lei, serão tomadas por maioria absoluta de votos, não se computando os votos em branco. (...)
>
> § 2º No caso de empate, se o estatuto não estabelecer procedimento de arbitragem e não contiver norma diversa, a assembleia será convocada, com intervalo mínimo de 2 (dois) meses, para votar a deliberação; se permanecer o empate e os acionistas não concordarem em cometer a decisão a um terceiro, caberá ao Poder Judiciário decidir, no interesse da companhia.

O prazo de dois meses serve para que acionistas que, por qualquer razão, não estivessem presentes na primeira votação pudessem vir a desempatar a segunda. Também serve para que os acionistas que participaram da primeira votação tenham tempo de refletir e, se for o caso, mudar de opinião. Caso ainda assim o "empate" prevalecesse, caberia o desempate por um terceiro indicado pelos acionistas por meio do estatuto. Não havendo essa previsão, caberia ao Poder Judiciário decidir. Assim também entende Nelson Eizirik:

> Se o estatuto for omisso, nos termos do §2º, deverá ser convocada uma assembleia geral com intervalo mínimo de 2 (dois) meses, para votar as propostas objeto do empate, período em que os acionistas terão a oportunidade de reavaliar a questão e buscar uma solução, além do fato de que a presença de outros acionistas poderá resolver o impasse. Permanecendo o empate na 2ª assembleia e diante da recusa dos acionistas em submeter a decisão a um terceiro, que poderá desempatar, caberá ao Poder Judiciário decidir, no interesse da companhia.[10]

Faz-se de extrema importância ressaltar as mesmas ressalvas que foram feitas quando dos comentários à previsão de empate nas Limitadas, quais sejam: (i) atribuir esse tipo de solução técnica exclusivamente ao Poder Judiciário pode ser problemático; e (ii) não existe formalmente, nem tec-

---

[10] EIZIRIK, Nelson. **A Lei das S/A Comentada. Vol. II – Arts. 121 a 188**. São Paulo: Quartier Latin, 2011. p. 112.

nicamente, a figura do empate em decisões sujeitas a quórum, eis que o resultado da deliberação sempre será binário no sentido de que ou se atinge o quórum e a deliberação é aprovada, ou não se atinge o quórum e a deliberação é rejeitada. É impossível reverter um empate se o empate a ser revertido for impossível.

Ainda que o legislador não tenha utilizado a nomenclatura correta e, ainda que a solução adotada não seja uma situação ótima no sentido descrito por Vilfredo Pareto[11], é importante ressaltar que as previsões de desempate judicial, tanto para as Limitadas quanto para as S.A. são uma forma de resolução de impasses societários.

1.3. Impasse Societário

Conforme abordado no capítulo anterior, um impasse societário ocorre quando não é possível atingir o quórum necessário para aprovar uma deliberação de importância para a Sociedade.

A não aprovação de qualquer matéria não implicará, necessariamente, paralização de uma sociedade. Deliberações que exigem quóruns mais elevados (quórum qualificado), como alteração dos documentos societários ou alteração do tipo societário, referem-se a matérias extraordinárias que, se não aprovadas, geralmente não afetam o funcionamento da sociedade.

Não conseguir aprovar determinadas matérias não é por si só indicativo de problemas sérios. Contudo, quando uma sociedade é incapaz de aprovar quaisquer deliberações, mesmo as sem quórum qualificado, ou as deliberações necessárias para seu regular funcionamento, esta sociedade poderá ter um sério problema de continuidade.

1.3.1. Ocorrência

Como se pode imaginar, os impasses societários não ocorrem em sociedades nas quais um único sócio controla a totalidade ou quase totalidade do capital votante, tendo, portanto, poder de voto suficiente para, unilateralmente, decidir todas ou praticamente todas as deliberações. Essas são as chamadas sociedades com controlador definido.

---

[11] Vilfredo Pareto foi um economista italiano que formulou que uma alternativa só é ótima em relação à outra se não for possível melhorar uma característica dessa alternativa sem piorar outra característica.

Quanto à definição de controle, vale citar Fábio Konder Comparato e utilizar a definição de controle com origem na língua inglesa, que significa o poder de dominar, regular, guiar ou restringir.

Ora, a evolução semântica, em português, foi influenciada tanto pelo francês como pelo inglês, de tal sorte que a palavra "controle" passou a significar, correntemente, não só vigilância, verificação, fiscalização, como ato ou poder de dominar, regular, guiar ou restringir. Não é, portanto, absurdo falar-se atualmente, em português, de "controle do controle", problema aliás fundamental de toda organização social, o que sublinha fortemente a ambiguidade do termo.

No entanto, a influência inglesa faz sentir-se, hoje, de modo preponderante neste particular, e, aos poucos, as nossas leis passam a usar "controle" sobretudo no sentido forte de dominação, ou na acepção mais atenuada de disciplina ou regulação.[12]

No outro extremo estão as sociedades que têm apenas dois sócios em situação paritária, ou seja, dois sócios detendo 50% do capital social cada um. Nessas sociedades, a ocorrência de impasses societários é mais provável eis que só há duas pessoas e nenhuma delas pode decidir sozinha. Assim, o quórum de todas as matérias se torna, na prática, a unanimidade. Sobre esse tema, vale mencionar as palavras de Luis Hernando Cebriá, que destaca as peculiaridades desse arranjo societário.

La existencia de sociedades con socios en igualdad de condiciones y derechos, como sociedades paritarias, dota a estas sociedades de algunos rasgos distintivos que debieran ser considerados de forma independiente de otras situaciones donde, en atención al principio plutocrático de las sociedades de capital, la relación entre los socios se sustente en criterios de mayoría o minoría. Así, la relación entre los socios se ha de adaptar a la existencia de un control paritario de las sociedades de capital, que pueda hacerse extensiva al control conjunto de distintos grupos de socios o de ramas familiares. Asimismo, la situación de igualdad cuestiona el principio mayoritario en la adopción de acuerdos sociales como principio general de las sociedades de capital, a lo cual se une la facultad de los socios de bloquear las decisiones

---

[12] COMPARATO, Fábio Konder e SALOMÃO FILHO, Calixto. **O poder de controle na sociedade anônima**. Rio de Janeiro. Ed. Forense, 2005.

sociales, principalmente en la Junta general. Todo ello, por otra parte, coloca al órgano de administración en una posición preponderante ante una eventual situación de conflicto entre los socios. Junto a lo anterior, y en particular en la sociedad limitada, el particular régimen del «conflicto de intereses» supone una ruptura en la posición de igualdad en la que inicialmente se encuentran los socios, que ha de ser, asimismo, objeto de consideración.[13]

Conforme mencionado anteriormente, um número considerável das sociedades comerciais brasileiras tem sócios com participações idênticas.[14]

Ainda que o número de sociedades com participações paritárias não represente a maioria das sociedades limitadas de São Paulo, uma quantidade significativa de sociedades tem esse formato, que é o mais propício a impasses societários e o que torna a disseminação de qualquer remédio contra referidos impasses algo de grande valia, como já anteriormente debatido.

Vale ressaltar que conflitos societários não ocorrem apenas nessas sociedades, ainda que nessas sociedades a probabilidade de ocorrência impasse seja maior. O conflito societário pode ocorrer em qualquer sociedade sem um controlador definido.

---

[13] Tradução Livre: A existência de sociedades com sócios em igualdade de condições e de direitos, como sociedades paritárias, traz a essas empresas algumas características distintivas que deveriam ser considerados de forma independente de outras situações nas quais, em relação ao princípio plutocrático das sociedades de capital, a relação entre os sócios se sustenta em critérios de maioria e minoria. Assim, a relação entre os sócios tem que se adaptar à existência de um controle paritário das sociedades de capital, que pode ser extensiva ao controle conjunto de diferentes grupos de sócios ou de grupos familiares. Ainda, a situação de igualdade desafia o princípio majoritário na adoção de acordos sociais como princípio geral das sociedades de capital, ao qual se une a faculdade dos sócios de bloquear as decisões sociais, principalmente na assembleia geral. Por outro lado, coloca o órgão de administração em uma posição preponderante ante uma eventual situação de conflito entre os sócios. Assim como a anterior, e em particular na sociedade limitada, o regime particular do "conflito de interesses" supõe uma ruptura na posição de igualdade na qual inicialmente se encontravam os sócios, que também há de ser considerada.
CEBRIÁ, Luis Hernando. **El Conflicto entre Socios en Situaciones de Igualdad en las Sociedades de Capital**. Cuadernos de Derecho y Comercio. 56, 87-133, Dec. 2011. ISSN: 15754812 Disponível em http://libros-revistas-derecho.vlex.es/vid/conflicto-socios-situaciones-igualdad-379522102 acessado dia 09 de março de 2017.
[14] Disponível em https://direitosp.fgv.br/sites/direitosp.fgv.br/files/arquivos/anexos/radiografia_das_ltdas_v5.pdf acessado dia 09 de março de 2017.

Dependendo dos acordos de voto, ou mesmo da extensão dos poderes de veto do sócio supostamente minoritário, é possível ter uma situação em que o controle é compartilhado com praticamente qualquer composição societária, bastando para isso apenas que o sócio detentor de, por exemplo, 1% do capital social tenha poder de impedir que o sócio detentor dos 99% restantes seja capaz de exercer efetivamente o seu controle perante a sociedade.

Conforme será abordado nesta obra, as cláusulas de compra e venda forçada podem ser adaptadas para que funcionem adequadamente em sociedades em que os sócios detêm participação desigual e em sociedades com qualquer número de sócios.

2
Formas de Resolução de Conflitos

O objetivo deste capítulo é abordar as principais formas de resolução de conflitos societários apresentando as principais características de cada forma de resolução para que seja possível entender como a utilização de cláusulas de compra e venda forçada recíprocas se diferencia das demais formas de resolução de conflitos.

2.1. Judiciário

Qualquer matéria pode, em princípio, ser levada a apreciação do Poder Judiciário. A expressão "em princípio" serve para destacar que as partes podem desistir do seu direito constitucional de acesso ao Judiciário quando referido direito versar sobre direitos patrimoniais disponíveis.

A possibilidade de resolução de impasses pelo Judiciário tem previsão no artigo 5º, XXXV da Constituição Federal. A possibilidade de resolução de impasses societários por meio do Judiciário tem previsão legal específica nos artigos 129 §2º da Lei das S.A. e no artigo 1.010 do Código Civil citados anteriormente no decorrer desta obra.

A Constituição pátria garante não só o acesso ao Judiciário, mas o acesso efetivo ao Judiciário, conforme nos ensina Luiz Guilherme Marinoni:

> Uma leitura mais moderna, no entanto, faz surgir a idéia de que essa norma constitucional garante não só o direito de ação, mas a possibilidade de um acesso efetivo à justiça e, assim, um direito à tutela jurisdicional adequada, efetiva e tempestiva. Não teria cabimento entender, com efeito, que a Constituição da República garante ao cidadão que pode afirmar uma lesão ou uma ameaça a direito apenas e tão somente uma resposta, independentemente de

ser ela efetiva e tempestiva. Ora se o direito de acesso à justiça é um direito fundamental, porque garantidor de todos os demais, não há como imaginar que a Constituição da República proclama apenas que todos têm direito a uma mera resposta do juiz.[15]

Ainda assim, na prática, é sabido que o acesso ao Poder Judiciário nem sempre é efetivo ou tempestivo, especialmente no que tange às decisões judiciais referentes à resolução de impasses societários, conforme ensina Eduardo Secchi Munhoz.

Há estudos realizados pelo próprio Poder Judiciário demonstrando a existência de nível indesejado de morosidade, de falta de especialização dos magistrados, de problemas de infraestrutura, sem considerar a ocorrência de atos de improbidade[25]. Em tema de direito societário, porém, o desempenho é ainda mais alarmante. São poucos os Estados brasileiros que dispõem de juízos especializados em matérias societárias. No Estado de São Paulo, onde se encontra a sede da BM&FBOVESPA, não existe juízos especializados em matéria empresarial, quanto mais em mercado de capitais. Também em São Paulo, em virtude do enorme número de processos em curso, verifica-se um dos mais altos índices de morosidade. A solução de uma ação pelo procedimento ordinário no Judiciário paulista (até o segundo grau de jurisdição – Tribunal de Justiça) não costuma levar menos de cinco anos. Ao considerar-se que especialização e celeridade na solução de conflitos são essenciais para conferir segurança e credibilidade ao sistema de mercado, torna-se irrefutável a conclusão de que o Judiciário brasileiro, ao menos no momento atual, não se encontra aparelhado para exercer esse papel.[16]

Pode-se verificar que os principais problemas na utilização do Poder Judiciário como única forma de resolução de conflitos societários são:

Morosidade. Não raramente a morosidade do Poder Judiciário é incompatível com o dinamismo das decisões societárias. Decisões societárias que poderiam ser alvo de impasses societários, como por exemplo, deci-

---

[15] MARINONI, Luiz Guilherme. Garantia da tempestividade da tutela jurisdicional e duplo grau de jurisdição. In: CRUZ E TUCCI, José Rogério. **Garantias Constitucionais do processo civil**. São Paulo: RT, 1999. p. 218.

[16] MUNHOZ, Eduardo Secchi. **A Importância do Sistema de Solução de Conflitos para o Direito Societário** in YARSHELL, Flávio Luiz; PEREIRA, Guilherme Setoguti J. (coords.) – **Processo Societário**. São Paulo: Quartier Latin, 2012, p. 85.

sões sobre o orçamento do ano seguinte, sobre projetos de expansão ou vendas de ativos precisam ser feitas em semanas, no mais tardar em meses, para serem efetivas. No Poder Judiciário, o tempo médio necessário para receber uma sentença em uma ação de execução nos Tribunais Estaduais ainda é de 4 anos e quatro meses[17]. Não é razoável que um processo de decisão sobre o orçamento de 2017 comece no final de 2016 e termine apenas no começo de 2021.

Efetividade. Mesmo desconsiderando a morosidade do Poder Judiciário como fator determinante, é preciso considerar que o surgimento de um impasse societário é um sinal não apenas do impasse em si, mas do estremecimento da relação entre os sócios.

A menos que o impasse seja especificamente sobre a saída de um dos sócios, a resolução do impasse não leva à resolução do problema, ou em outras palavras, ainda que o Poder Judiciário consiga solucionar os impasses em tempo hábil, não solucionaria a causa dos impasses, que continuariam surgindo, e teriam que ser continuamente solucionados pelo próprio Poder Judiciário.

Como se pode imaginar, essa alternativa acabaria por distorcer tanto a função da sociedade empresária, que se tornaria menos eficiente, quanto a função do próprio Poder Judiciário, que se tornaria mais um órgão societário. Vale também mencionar que o *afecto societatis*, já severamente abalado pelo simples surgimento de um impasse societário, dificilmente sobreviveria a uma série infindável de disputas judiciais, que, como é sabido, geram um custo emocional muito grande.

Publicidade: Ainda que seja possível solicitar segredo de justiça, não há garantia do seu deferimento. A regra nos processos judiciais é a publicidade, e essa regra por vezes não é compatível com determinadas decisões empresariais que precisam ser mantidas confidenciais para que a concorrência não tome conhecimento das estratégias empresariais ou de segredos de empresa.

Diante de todo o exposto, conclui-se que, por ora, o Judiciário não é a forma mais adequada de resolução de conflitos societários. Soluções que estão sendo implementadas atualmente como a diminuição do tempo

---

[17] CNJ, Justiça em Números, disponível em http://www.cnj.jus.br/files/conteudo/arquivo/2016/10/b8f46be3dbbff344931a933579915488.pdf acessado dia 09 de março de 2017. p. 126.

médio de duração dos processos e a criação de varas e tribunais especializados em direito societário podem fazer com que no futuro o Judiciário se torne uma solução mais adequada para esses conflitos.

Caso essas mudanças venham aliadas de soluções legislativas que: (i) permitam aos juízes indicar administradores judiciais para decidirem matérias técnicas e empresariais; e (ii) possibilitem expressamente ao judiciário a aplicação de cláusulas de compra e venda forçada como solução de continuidade padrão para empresas que não tenham previsão contratual para resolução de conflitos societários, o Judiciário poderá se tornar uma forma extremamente eficiente de resolver conflitos societários.

2.2. Arbitragem

A arbitragem é uma forma de resolução extrajudicial de conflitos prevista na Lei Federal nº 9.307/1996 (recentemente atualizada pela Lei 13.129 de 2015). Para De Plácido e Silva, a arbitragem pode ser definida como:

> Arbitragem. Derivado do latim *arbiter* (juiz, louvado, jurado), embora por vezes tenha a mesma definição de arbitramento, é, na linguagem jurídica, especialmente empregado para significar o processo que se utiliza, a fim de se dar solução a litígio ou divergência, havida entre duas ou mais pessoas. [18]

Prazo: A Arbitragem vem se popularizando com a proposta de ser uma forma de solução de conflitos mais célere do que a judicial. A Lei de Arbitragem prevê em seu artigo 23 um prazo de seis meses contados da instituição da arbitragem para a apresentação da sentença arbitral quando outro prazo não for estipulado pelas partes.

Estudos apontam que esse prazo nem sempre é respeitado. Segundo Mauro Cunha de Azevedo Neto[19], na prática a arbitragem pode levar de 5 a 32 meses, e, na média, leva de 12 a 14 meses. Ainda que o prazo arbitral seja menor do que o prazo para solução judicial, o prazo para uma solução arbitral continua incompatível com a necessidade de celeridade que as empresas têm, sendo necessário, portanto, um meio de solução de conflitos mais rápido.

---

[18] SILVA, De Plácido e. **Vocabulário Jurídico**. Atualizadores Nagib Slaibi Filho e Gláucia Carvalho. 27ª Edição. Rio de Janeiro. Forense. 2006. p. 129.

[19] Apresentação no 2º EPAC – Encontro de Profissionais e Acadêmicos de Contabilidade disponível em http://www.sindcontsp.org.br/uploads/acervo/arquivos/mediacao%20e%20arbitragem.pdf acessado dia 09 de março de 2017

Julgadores Especializados: Outro ponto positivo da arbitragem é que a escolha dos árbitros cabe às partes, possibilitando a escolha de árbitros com profundo conhecimento na matéria a ser decidida, o que, ao menos em teoria, leva a escolhas mais acertadas.

Quanto às características positivas da arbitragem, Luciano B. Timm e Rodrigo Tellechea ensinam que:

> É notório que os conflitos societários são um dos campos mais adequados e férteis para o desenvolvimento da arbitragem. A dinâmica avassaladora das relações empresariais, inclusive com inúmeras transações realizadas via Internet, exige um procedimento de solução de controvérsias célere para que os agentes econômicos envolvidos possam ter soluções rápidas, eficientes e eficazes. Inúmeros são os argumentos favoráveis a essa contratação, dentre os quais, merecem destaque a agilidade, a especialização do árbitro, o sigilo e a informalidade próprios do procedimento arbitral.[20]

Preço: Os custos para instalação da arbitragem são sabidamente mais caros do que os custos para instalação de um procedimento judicial. Somado a isso, tem-se que os custos com advogados especializados em arbitragem também costumam ser mais caros, ao menos nos processos de menor monta, do que os custos com advogados especializados em processo civil. Quanto menor for o valor da causa, mais essa diferença se acentuará. Como exemplo, pode-se verificar sites que estimam os custos de arbitragem em duas câmaras internacionais[21] ICC[22] e ICSID[23] bastando colocar o valor em disputa. Ao imputar uma série de valores foi possível preparar a tabela abaixo.

---

[20] TIMM, Luciano B. e TELLECHEA, Rodrigo. **A Arbitragem como forma de Resolução de Conflitos Societários**. in YARSHELL, Flávio Luiz e PEREIRA, Guilherme Setoguti J (coords.) **Processo Societário – Volume II**. São Paulo. Quartier Latin, 2015. p. 401.
[21] O motivo da utilização de câmaras de arbitragem estrangeiras ao invés das brasileiras no quadro acima é devido à falta de dados em relação ao valor dos custos com advogados em arbitragens brasileiras.
[22] Disponível em https://international-arbitration-attorney.com/pt/icc-arbitration-costs--usd-2/ acessado dia 09 de março de 2017.
[23] Disponível em https://international-arbitration-attorney.com/pt/icsid-arbitration-cost--calculator-2/ acessado dia 09 de março de 2017.

# de Árbitros	Valor (USD)	ICC (Custo por parte)	ICSID (Custo por parte)	% em relação ao valor da causa ICC	% em relação ao valor da causa ICSID
1	1	104.236,88	274.050,62	10423688,00%	27405062,00%
3		107.236,88	323.098,58	10723688,00%	32309858,00%
1	1.000,00	138.345,27	274.050,62	13834,53%	27405,06%
3		141.345,27	323.098,58	14134,53%	32309,86%
1	1.000.000,00	294.280,3	274.050,62	29,43%	27,41%
3		333.658,8	323.098,58	33,37%	32,31%
1	10.000.000,00	393.084,32	274.050,62	3,93%	2,74%
3		506.367,82	323.098,58	5,06%	3,23%
1	100.000.000,00	508.538,93	274.050,62	0,51%	0,27%
3		723.122,43	323.098,58	0,72%	0,32%
1	1.000.000.000,00	690.993,85	670.637,27	0,07%	0,07%
3		1.168.577,35	814.810,49	0,12%	0,08%

Considerando que os custos com advogados representam um percentual relevante dos custos com a arbitragem (em média 74% segundo as mesmas fontes), não faria sentido apresentar uma estimativa que ignorasse esses valores. Ademais, os valores acima parecem condizentes com a realidade brasileira ao sugerir que a arbitragem não se justifica para discussão de valores inferiores a um milhão de Dólares e passa a ser extremamente atrativa quando as discussões superam a casa das dezenas de milhões.

Resta claro, portanto, que os preços da arbitragem podem ser proibitivos para empresas menores ou sócios com menos acesso a capital de determinada empresa, independente do seu tamanho. Em uma sociedade em que haja uma discrepância muito grande entre o acesso ao capital pelos sócios, a utilização de cláusula arbitral pode ser utilizada como meio de dificultar o acesso à justiça por uma das partes[24].

[24] Esse problema se tornou comum o bastante para ter criado um nicho a ser explorado por fundos de investimento, que passaram a financiar arbitragens em troca de um percentual do resultado, conforme pode se verificar em notícia do jornal Valor Econômico datada de 20 de maio de 2013 (disponível em http://www.bicharalaw.com.br/midia/Valor_SMR.pdf acessado dia 09 de março de 2017), em notícia da Federação Catarinense das Entidades de Mediação

Jurisprudência. Como na arbitragem a regra é o sigilo e não a publicidade, quase inexiste jurisprudência arbitral, o que torna mais difícil prever como serão as decisões, afetando o grau de segurança jurídica daqueles que buscam tal procedimento.

2.3. Mediação e Conciliação

A mediação e a conciliação são formas não litigiosas de resolução de conflitos. Tanto na mediação quanto na conciliação as partes buscam o auxílio de um terceiro (conciliador ou mediador, conforme o caso) que lhes ajudará a se aproximarem e entrarem em um acordo. A principal diferença entre um mediador e um conciliador são as metodologias utilizadas por cada um. Enquanto o mediador tenta aproximar as partes para que elas encontrem uma solução por si, o conciliador tem um papel mais ativo, podendo propor soluções.

> Mediação. Utiliza-se a expressão, derivada da linguagem diplomática, para indicar a função do auxiliar do juízo encarregado de aproximar as partes litigantes na procura de pontos em que os interesses sejam convergentes, buscando a conciliação entre elas.[25]

O Conselho Nacional de Justiça ("CNJ") atualmente tem como projeto treinar os servidores da ouvidoria sobre essas técnicas de resolução de conflito para que eles possam incentivar os cidadãos a procurar formas alternativas ao judiciário para solucionar suas disputas.[26]

---

e Arbitragem datada de 06 de agosto de 2016 (disponível em http://www.fecema.org.br/arquivos/1556 acessado em 15/11/2016 às 23:24), bem como em notícia do Comitê Brasileiro de Arbitragem datada de 19 de fevereiro de 2016 (disponível em http://www.cbar.org.br/blog/artigos/o-financiamento-da-arbitragem-por-terceiros-e-o-dever-de-revelacao acessado dia 09 de março de 2017). O financiamento de arbitragens por sua vez se tornou relevante o suficiente para que o principal centro de arbitragem brasileira, o Centro de Arbitragem e Mediação da Câmara de Comércio Brasil-Canada, emitisse uma resolução com regras sobre o financiamento de arbitragem por terceiros, a Resolução Administrativa CAM-CCBC, nº 18, de 20 de julho de 2016 (disponível em http://www.ccbc.org.br/Materia/2890/resolucao--administrativa-182016 acessado dia 09 de março de 2017).

[25] SILVA, De Plácido e. **Vocabulário Jurídico**. Atualizadores Nagib Slaibi Filho e Gláucia Carvalho. 27ª Edição. Rio de Janeiro. Forense. 2006. p. 903.

[26] Disponível em http://www.cnj.jus.br/noticias/cnj/82696-ouvidorias-podem-potencializar--mediacao-e-conciliacao-de-conflitos acessado dia 09 de março de 2017.

A Mediação e a Conciliação são, provavelmente, as formas mais céleres e baratas de resolução de conflito quando funcionam. Elas podem e devem ser previstas em contrato como forma de solução de conflitos. Contudo, como nem o mediador nem o conciliador tem o poder de impor soluções às partes, esses métodos de resolução não são definitivos e, por isso, não devem ser os únicos métodos previstos nos documentos societários. Alternativa viável pode ser condicionar a falha nesse tipo de solução de impasse como condição para a entrada com o processo arbitral ou judicial.

Tanto na conciliação como na mediação, o profissional que será usado para tentar auxiliar na resolução do impasse deve ser imparcial e contar com a confiança de ambas as partes. Deve, ainda, deter o conhecimento técnico necessário para opinar na questão a ser discutida.

2.4. Soluções Contratuais

Outra possibilidade de solução de impasses é a previsão contratual, seja nos documentos constitutivos ou em contratos parassociais, de uma série de mecanismos que entrarão em ação no momento da instauração do conflito. Esses mecanismos têm por objetivo resolver o conflito societário sem a necessidade de se recorrer à arbitragem ou ao Poder Judiciário. Abaixo segue breve análise de alguns deles:

Drag Along ou **Direito de Venda Conjunta**. Uma cláusula de *Drag Along* consiste no direito de uma das partes (ou de ambas) de poder vender a participação que detém na sociedade, bem como a participação que o outro detém para um terceiro. Em teoria, essa cláusula poderia ser usada para resolver o conflito retirando os dois sócios da sociedade e passando o controle para um terceiro.

Embora essa cláusula seja útil em diversas situações, ela deixa a desejar no que diz respeito à resolução de impasses. O grande defeito dessa cláusula como forma de solução de impasses é a dependência de um terceiro. Como nem sempre um terceiro interessado surgirá, essa cláusula tem sua aplicabilidade um tanto quanto limitada. Some-se a isso o fato de que, se já é difícil encontrar alguém interessado em comprar uma empresa funcionando adequadamente, achar um interessado em comprar uma empresa paralisada por um impasse societário será, no mínimo, desafiador. Ainda que essa cláusula funcione, o impasse societário impactará negativamente a avaliação da empresa, retirando valor dos acionistas, o que não é o objetivo almejado pela previsão societária.

As cláusulas de Venda Conjunta raramente são citadas pela doutrina brasileira. Ainda assim, elas são frequentemente utilizadas (não como forma de solução de impasses, mas como forma de viabilizar operações societárias futuras), conforme se verifica, por exemplo, da cláusula abaixo extraída do Acordo de Acionistas da Natura.

VII. DIREITO DE VENDA CONJUNTA

CLÁUSULA 7ª – Caso a Parte Ofertante decida Alienar a quaisquer terceiros ("Adquirente"), em uma ou mais operações, Ações que representem quantidade igual ou superior a 10% (dez por cento) do total das Ações, as demais Partes ("Partes Ofertadas") terão o direito de transferir ao Adquirente, conjuntamente com a Parte Ofertante, as Ações de sua propriedade, em proporção equivalente às Ações de propriedade da Parte Ofertante que estiverem sendo alienadas na operação. Sem prejuízo do direito de as Partes Ofertadas transferirem as Ações de sua propriedade ao Adquirente, caso a Parte Ofertante esteja transferindo ações/quotas de emissão de Acionista Pessoa Jurídica, os demais Acionistas Pessoa Jurídica, que cumpram os requisitos para exercício do direito previsto na Cláusula VI, terão também o direito de transferir ao Adquirente as ações/quotas de sua emissão no lugar das Ações, sempre em proporção equivalente às Ações de propriedade da Parte Ofertante que estiverem sendo alienadas na operação.[27]

Voto de Minerva ou **Voto de Qualidade**. O Voto de Minerva ou voto de qualidade é um voto designado à determinada pessoa (geralmente o presidente do órgão que está tomando a deliberação) para solucionar um impasse. Nas palavras de De Plácido e Silva

> Voto de Qualidade. Igualmente chamado de *voto preponderante* ou *voto de desempate* é o que se atribui aos presidentes das corporações, diretorias, assembleias ou administrações a fim de que o profira *em caso de empate*, para solucionar o caso submetido ao veredicto da entidade a que preside.
>
> Em regra, o voto de qualidade é cumulado ao *voto normal*, atribuído sem qualquer distinção a todo membro da entidade, ou órgão deliberativo. E, em geral somente é emitido em *casos de empate*. E é, igualmente, denominado *voto de Minerva*.
>
> Na Mitologia grega, conta-se que a deusa Minerva presidiu o julgamento de Orestes, que matara sua mãe Clitemnestra e Egisto, assassinos de Agame-

---

[27] Disponível em www.cvm.gov.br acessado dia 09 de março de 2017.

non, seu pai. Os doze juízes lançaram os seus votos em uma urna, apurando-se o resultado de seis votos pela condenação e outros seis votos pela absolvição. Minerva, então, desempatou pela absolvição do acusado (nnsf).[28]

O voto de qualidade seria a solução mais óbvia e rápida para solucionar um impasse. Contudo, não é fácil aos sócios eleger um terceiro para dar um voto de qualidade e desempatar deliberações societárias; tampouco é provável que a um dos sócios fosse dado o voto de qualidade em todas as matérias. Fazê-lo tiraria as partes da situação de igualdade em que se encontravam. Na prática, uma sociedade com participação paritária na qual um dos sócios tem o voto de qualidade em todas as matérias é uma sociedade com um controlador efetivo.

Seria possível, no entanto, dar a cada um dos sócios, o voto de qualidade em matérias diferentes (e.g. uma das partes tem o voto de minerva em questões operacionais e comercias e a outra tem o voto de minerva em questões financeiras e administrativas). Tal arranjo seria adequado para solucionar a maioria dos conflitos, contudo, pressupõe sócios com especializações diferentes e com um grau de sofisticação e governança o suficiente para separar e agrupar todas as matérias discutidas por tópicos, o que nem sempre será possível.

Conclui-se, portanto, que o voto de minerva é uma alternativa válida e extremamente eficaz para a resolução de conflitos, que, no entanto, tem aplicabilidade reduzida.

2.5. Outras Formas de Solução de Conflitos

Liquidação ou Dissolução Social. De acordo com o artigo 1.035 do Código Civil, *"O contrato pode prever outras causas de dissolução, a serem verificadas judicialmente quando contestadas"*. Referido artigo é aplicável às Sociedades Simples e, portanto, é também aplicável às Limitadas, por força do disposto no artigo 1.053. Da mesma forma, o artigo 206 da Lei das S.A. dispõe que *"Dissolve-se a companhia: I – de pleno direito: (...) b) nos casos previstos no estatuto"*.

Percebe-se que tanto em Limitadas quanto em S.A. é possível prever nos documentos societários pertinentes que, em caso de impasse, a sociedade será dissolvida e, consequentemente, liquidada.

---

[28] SILVA, De Plácido e. **Vocabulário Jurídico**. Atualizadores Nagib Slaibi Filho e Gláucia Carvalho. 27ª Edição. Rio de Janeiro. Forense. 2006. p. 1497.

A dissolução implica na liquidação da sociedade, que pode ser descrita, em apertada síntese, como o processo de finalizar as operações sociais e alienar todos os ativos da sociedade. É, portanto, uma forma drástica de solução de conflito que só deveria ser utilizada quando nenhuma alternativa for viável.

Vale lembrar que a liquidação de companhia próspera pode caracterizar abuso de poder de controle nas S.A., conforme dispõe o artigo 117 § 1º b da Lei das S.A. Já nas Limitadas, as causas da dissolução previstas contratualmente podem ser verificadas judicialmente quando contestadas, o que retira a efetividade da disposição ao incorporar a morosidade do Poder Judiciário.

Dissolução Parcial *Strictu Sensu*. A dissolução parcial é descrita por Flávio Luiz Yarshell como sendo uma alternativa à dissolução total em que se deixa de aplicar o rigor da dissolução total como forma de manutenção da sociedade. A principal diferença entre a dissolução social total e a parcial é que na parcial apenas um dos sócios é excluído, preservando a integridade da pessoa jurídica, e, por consequência, a vida empresarial.

Quanto ao conceito de dissolução parcial, é possível apontar diferenças entre ele e as demais formas de exclusão de sócio. Conforme ensinou CELSO BARBI FILHO, a dissolução parcial "não se confunde com as formas ordinárias de saída da sociedade, como o direito de recesso, a exclusão ou a morte do sócio entre outras", mas é instituto criado para os casos em que, segundo a lei ou o contrato configurar-se-ia hipótese de dissolução total, mas que deixa de aplicar o rigor da norma – como forma de manutenção da sociedade – e se exclui apenas um dos sócios, preservando a integridade da pessoa jurídica.[29]

Contudo, o termo dissolução parcial acaba por vezes sendo utilizado por parte da doutrina para designar qualquer extinção parcial do vínculo societário, seja por retirada, exclusão, morte, interdição, previsão contratual, cessão onerosa (forçada ou não) das participações societárias ou outra forma que trouxer o efeito de saída de um dos sócios, de forma que se faz necessário, como bem demonstra Evy Cynthia Marques, utilizar a expres-

---

[29] YARSHELL, Flávio Luiz & MATOS, Felipe do Amaral. **O Procedimento Especial de Dissolução (Parcial) de Sociedade** in YARSHELL, Flávio Luiz; PEREIRA, Guilherme Setoguti J. (coords) – **Processo Societário**. São Paulo. Quartier Latin, 2012 p. 213

são "dissolução parcial *strictu sensu*"[30] para descrever a dissolução parcial conforme descrita por Celso Barbi Filho.

A dissolução parcial *strictu sensu*, assim como o direito de retirada previsto no artigo 1.029 do Código Civil para as Limitadas com prazo indeterminado, tem a efetiva capacidade de alterar a composição societária, não apenas solucionando o impasse societário como impedindo a instauração de novos conflitos. Contudo, a dissolução da sociedade em relação a um dos sócios não é uma solução ótima para o sócio excluído. O valor recebido pelo sócio excluído, tanto no direito de retirada quanto na dissolução parcial *strictu sensu*, é o valor que o sócio receberia no caso de liquidação da sociedade e, como se sabe, o valor de liquidação de qualquer sociedade sempre será menor do que o valor da mesma sociedade efetivamente funcionando e gerando lucros. Outro problema dessa solução é decidir em relação a qual sócio a Sociedade será dissolvida. Qual dos sócios deve permanecer e qual deve sair.

Dissolução Parcial *Latu Sensu*. Embora a dissolução parcial *strictu sensu* tenha como característica negativa a forma de precificação na saída, na dissolução parcial *latu sensu*, assim compreendida como qualquer forma de resolução da sociedade em relação a um dos seus sócios, a questão da precificação pode ser levada em conta quando da previsão contratual de mecanismo que gere a exclusão de um dos sócios, alcançando, dessa forma, o resultado de alteração da composição societária sem gerar uma subavaliação da sociedade e sem beneficiar ou prejudicar demasiadamente um sócio em detrimento do outro.

Cláusulas de Compra e Venda Forçada. A previsão contratual de cláusulas de compra e venda forçada de participação societária é uma solução contratual que gera uma cessão onerosa entre os sócios para que um deles saia da sociedade, atingindo-se assim o efeito desejado da dissolução parcial *latu sensu*, sem, no entanto, demandar a participação do Poder Judiciário, da arbitragem ou de qualquer outro terceiro.

---

[30] MARQUES, Evy Cynthia. **O Direito de Retirada de Sócios de Sociedade Simples e Sociedade Limitada**. Dissertação de Mestrado apresentada à Faculdade de Direito da Universidade de São Paulo. 2010. p. 23. Disponível em http://www.teses.usp.br/teses/disponiveis/2/2132/tde-21022014-162902/pt-br.php acessado dia 09 de março de 2017.

2.6. Opção de Compra e Opção de Venda (Put Options and Call Options)

Uma opção de compra (ou *call option*) nada mais é que uma escolha. A parte que outorga a opção de compra se compromete a vender determinado bem em determinada condição à outra parte. A partir desse momento, a parte beneficiária da opção tem a escolha (opção) de comprar ou não nas condições que foram preestabelecidas.

De forma semelhante, uma opção de venda (ou *put option*) nada mais é que uma escolha. A parte que outorga a opção de venda se compromete a comprar determinado bem de outra parte em determinada condição. A partir desse momento, a parte beneficiária da opção tem a escolha (opção) de vender ou não nas condições que foram preestabelecidas. Percebe-se que referidas definições condizem com o que ensina Nelson Eizirik.

> Outra espécie de acordo é a de opção de compra (*call*) ou venda (put) das ações, que se inicia mediante a manifestação de uma das partes de sua intenção de comprar ou vender, ficando a outra, implementada determinada condição ou transcorrido o prazo acordado, com a faculdade de completar a formação do contrato mediante sua manifestação de compra ou de venda. Assim, o contrato se consuma mediante o exercício da opção e se executa mediante a realização das prestações: transferência das ações e pagamento do preço.[31]

Vale ressaltar que uma vez dada a opção pelo outorgante, só será necessária a manifestação do outorgado para o cumprimento do contrato, vez que o outorgante já manifestou sua vontade quando da outorga da opção.

Em ambos os casos (*put and call*) basta a manifestação regular do beneficiário da compra ou da venda para o cumprimento do contrato. O acordo pode prevêr que, em determinadas circunstancias (condição ou termo), ou simplesmente pela vontade do acionista, este pode comprar as ações ou títulos conversíveis em ações de outro acionista, que é obrigado a vende-los, conforme o preço e as condições previamente ajustados (*call*), desde que rigorosamente justos e plenamente remuneratórios e uma vez regularmente exercido o direito por parte de seu titular.

---

[31] EIZIRIK, Nelson. **A Lei das S/A Comentada. Vol. I. Artigos 1º a 120**. São Paulo, Quartier Latin do Brasil. 2011, p. 713

Pode ainda, o acordo prever que, em determinadas circunstancias ou simplesmente pela vontade do acionista, este pode sair do quadro societário da companhia, vendendo as suas ações para outro acionista ou para a própria sociedade, por preço previamente ajustado, desde que também rigorosamente justo (*put*) [32].

Contudo, cabe tratar sobre qual a natureza jurídica das opções, da forma como são utilizadas pelo direito societário.

Nesse contexto, Ruy Pereira Camilo Júnior parafraseando Cesare Vivante ensina que:

> No direito comercial, toda reflexão e estudo há de considerar a advertência centenária de Cesare Vivante: a compreensão de um instituto jurídico mercantil pede a prévia compreensão de sua função econômica.[33]

A função econômica das Opções (ao menos das Opções estudadas nesta obra), é solucionar impasses societários ao atribuir um valor de saída a determinada participação societária.

A Opção pode ser considerada como promessa ou como contrato. Se considerada como promessa, a Opção seria um negócio jurídico bilateral, mas um contrato unilateral, conforme dispõe Carlos Augusto Silveira Lobo

> A promessa unilateral de contratar é um negócio bilateral (não um contrato bilateral) [5] em que figuram duas partes: o promitente e o promissário. O promitente obriga-se a celebrar o contrato definitivo nos termos da promessa e se mantém obrigado enquanto o prazo estipulado estiver pendente. O promissário é titular do direito potestativo de exigir do promitente a celebração do contrato, que deverá ser exercido na forma e no prazo estipulados no instrumento de opção. Se não houver prazo estipulado, o promitente intimará o promissário para exercer a opção dentro de prazo razoável. Se a opção não for exercida no prazo, o direito do promissário perece e o contrato se extingue. [34]

---

[32] CARVALHOSA, Modesto. **Acordo de Acionistas**, 2ª Edição. São Paulo. Saraiva. 2015, p. 298
[33] CAMILO JÚNIOR, Ruy Pereira. Contrato de Cessão de Quotas Sociais in AZEVEDO, Luís André N. de Moura; CASTRO, Rodrigo N. Monteiro de (Coord.). **Sociedade Limitada Contemporânea**. São Paulo. Quartier Latin, 2013. p. 219
[34] LOBO, Carlos Augusto Silveira. **O direito e o Tempo: Embates Jurídicos e Utopia**, 2008 p. 313. Disponível em http://www.loboeibeas.com.br/archives/1733 acessado dia 09 de março de 2017.

Embora alguns contratos descritos como opções possam se encaixar perfeitamente na natureza jurídica de contrato unilateral, na maioria das vezes este encaixe não se aplica às opções de compra e venda comumente utilizadas no direito societário. As *put options* e *call options* do direito societário são dadas negocialmente em troca de outras condições. Geralmente são negociadas em contratos de compra e venda ou em acordos de acionistas/quotistas como contrapartida para outras cláusulas, ou como pressuposto do próprio negócio. Em qualquer dos casos citados acima, trata-se ou de contrato bilateral, ou de cláusula contida em contrato bilateral.

Assim sendo, pode-se concluir que embora seja defensável tratar determinados tipos de opção como promessas, no que tange à maioria das opções utilizadas no direito societário, e, sobretudo no tipo de opção analisada nesta obra, a natureza jurídica é a de contrato bilateral.

Sendo contrato bilateral, as Opções podem ser enquadradas em diversas categorias, das quais as seguintes podem ser destacadas: (i) contrato de compra e venda sujeito à condição suspensiva; (ii) contrato preliminar; (iii) contrato definitivo semicompleto; (iv) contrato *sui generis*; (v) contrato parassocial.

Nesse sentido, ensina Felipe Campana Padin Iglesias, que o contrato de opção não é contrato de compra e venda sujeito à condição suspensiva, nem contrato preliminar pelos argumentos explicados abaixo:

> A argumentação foi rechaçada por inúmeros juristas, escoados principalmente na constatação de que o elemento particular – também chamado de acessório ou acidental – não justifica a mutação da natureza do negócio subjacente, bem como a inexistência de suspensividade dos efeitos do negócio de opção até que haja o exercício pelo beneficiário, tal como ocorre nos negócios condicionados (subitem 4.2.1.2).
>
> Não obstante a existência de algumas semelhanças, o conteúdo obrigacional de ambos os negócios mostra-se distinto; nos últimos o efeito principal é a criação de obrigação (*stricto sensu*) de aperfeiçoar, mediante renovação da declaração de vontade de ambas as partes, o contrato definitivo, já acordado apenas em seus elementos essenciais; nas opções o efeito típico é a criação do estado de sujeição do outorgante (não há obrigação propriamente dita) frente ao direito formativo gerador do beneficiário quanto à formação do contrato optativo, já predisposto em todos os seus elementos (categoriais e particulares) (subitem 4.2.2.2).[35]

---

[35] IGLESIAS, Felipe Campana Padin. **Opção de Compra ou Venda de Ações no Direito Brasileiro**: Natureza Jurídica e Tutela Executiva Judicial. Dissertação apresentada como

Contudo, ao contrário do que defende o autor, não parece certa a caracterização do contrato como sendo *sui generis* com características de contrato definitivo semicompleto. A caracterização de um contrato como *sui generis* não deve ser utilizada a menos que nenhum outro contrato possa ser equiparável. No caso, as *put options* e *call options* são cláusulas comuns dos contratos de compra e venda de participação societárias (*share purchase agreements* ou *SPA*) e são também comumente encontradas em acordos de acionistas/quotistas.

Mesmo quando referidas opções são dadas em contratos separados e não em cláusulas dos contratos específicos citados acima, retém características comuns a esses contratos, principalmente sua vinculação e dependência aos documentos constitutivos da empresa. Não há que se falar em contrato de opção de compra ou de venda de participação societária sem que haja participação societária para ser comprada ou vendida.

São, portanto, contratos parassociais, acessórios no sentido *latu*, conforme ensina Herbert Morgenstern Kugler, se assemelhando a acordos de quotistas e acordos de acionistas:

> Dessa forma, o termo "acessório" não pode ser entendido de modo restrito no que tange à relação dos pactos parassociais. Assim, não se pode ter por acessório do contrato ou estatuto social apenas os contratos que buscam implementar as suas cláusulas, os quais são compreendidos como contratos acessórios stricto sensu.
>
> O termo pacto parassocial visa incluir, também, os contratos que não buscam implementar as cláusulas do contrato da sociedade, mas que, mesmo assim, dependiam de sua existência.
>
> Deste modo, ao se falar em parassocialidade, almeja-se uma categoria de contratos na qual está inserida uma gama imensa de negócios jurídicos, os quais têm em comum o fato de dependerem do contrato de uma sociedade, mas que não precisam, necessariamente, implementar quaisquer cláusulas do contrato da sociedade.[36]

---

requisito parcial para obtenção do título de Mestre em Direito Comercial no curso de Pós-Graduação *stricto sensu* da Faculdade de Direito da Universidade de São Paulo. 2011. Disponível em http://www.teses.usp.br/teses/disponiveis/2/2132/tde-21082012-112205/pt-br.php acessado dia 09 de março de 2017.

[36] KUGLER, Herbert Morgenstern. **Os Acordos de Sócios nas Sociedades Limitadas:** Existência, Validade e Eficácia. São Paulo. Quartier Latin do Brasil. 2014, p. 85

Vale lembrar que esta obra visa tratar de cláusulas de compra e venda forçada como um mecanismo que consiste em dar e receber simultaneamente uma opção de compra e uma opção de venda que só poderão ser exercidas em determinadas condições. No tipo específico de opção citado acima, fica claro tanto o aspecto de contrato bilateral, quanto o aspecto de contrato parassocial.

2.6.1. Cláusula de Compra e Venda Forçada Recíproca (Deadlock Provision)

As cláusulas de compra e venda forçada reciprocas são uma forma de solução dos chamados impasses societários. Elas são por vezes chamadas de *Deadlocks Provisions*, conforme melhor explicado no texto abaixo de Murray N. Thornhill, intitulado *What to include in a Shareholders' Agreement*.

> Deadlock provisions deal with circumstances where shareholders cannot agree on the management of the company. The shareholders' agreement should set out a procedure to resolve a deadlock if one arises. There are a number of procedures that can be used to resolve deadlocks, including (and the nomenclature is not universally recognised, but used here for convenience).[37]

Deadlock Provisions são uma forma de resolução de impasses societários. Nessa obra, as *Deadlock Provisions* analisadas são uma subespécie das opções que englobam simultaneamente uma opção de compra e uma opção de venda dadas reciprocamente por cada um dos sócios ao outro sócio. Nestas cláusulas cada sócio se obriga, de forma irrevogável e irretratável, a, ocorrida determinada situação fática (como um conflito societário material intransponível), ceder sua participação ao outro sócio, ou a aceitar a cessão da participação do outro sócio para si, mediante o pagamento de preço justo determinado por critérios pré-estabelecidos.

O teor da cláusula pode variar, mas os pontos comuns das cláusulas permanecem os mesmos: (i) são irrevogáveis e irretratáveis, de forma que

---

[37] THORNHILL, Murray N; HAHN-RENNER, Brent. In: **Governance Directions**. June 2015, Vol. 67 Issue 5, p. 291, 4 p.; Chartered Secretaries Australia Ltd. Language: English, Base de dados: Academic OneFile disponível em http://eds.a.ebscohost.com/eds/detail/detail?vid=2&sid=e5626de9-3c63-4b70-8da0-bee4f50c6b66%40sessionmgr4009&hid=4102&bdata=Jmxhbmc9cHQtYnImc2l0ZT1lZHMtbGl2ZSSZzY29wZT1zaXRl#AN=edsgcl.421617457&db=edsgao acessado dia 09 de março de 2017.

não pode o sócio que aceitou a cláusula se recusar à transferência da participação societária, podendo a transferência ser feita contra sua vontade caso se recuse; (ii) proporcionam ou almejam proporcionar uma avaliação da empresa a preço de mercado; (iii) alteram a composição societária de forma que o controle anteriormente compartilhado por dois ou mais sócios passa a ser exercido integralmente por um número menor de sócios[38].

A forma pela qual a saída ocorre pode variar de cláusula para cláusula, mas alguém ser excluído, se não da sociedade *per se*, ao menos do controle, é o aspecto mais importante das cláusulas de compra e venda forçada de participações societárias.

O método mais comum ocorre nas chamadas cláusulas *shotgun*, nas quais a parte ofertante dá um valor para a participação da parte ofertada e a parte ofertada é obrigada a ou vender sua participação para a parte ofertante pelo preço ofertado, ou comprar a participação da parte ofertante pelo preço ofertado. Como se pode verificar, independentemente da escolha, uma das partes necessariamente sairá.

Abaixo uma explicação sobre o funcionamento de uma dessas cláusulas.

> Buy/Sells are a critical component of many joint venture relationships. In our view, while often contentious, a Buy-Sell is an important provision to include in a joint venture relationship. The type of buy/sell we typically see are so-called "shotgun" buy-sells. Pursuant to a shotgun buy/sell either party (the "Offering Party") has the right, after a trigger event (perhaps a fixed period of time or the occurrence of a deadlock with respect to a major decision), to advise the other (the "Recipient") that it desires to purchase the interest of the Recipient and provides a value for the assets of the joint venture. The price to be paid is the amount the Recipient would receive if the assets were sold for the indicated price. The Recipient then has a period of time to elect to sell at that price or to buy the interest of the Offering Party for the price the Offering Party would receive if the assets were sold for the indicated price.[39]

---

[38] Como sua aplicação mais comum é em sociedade com apenas dois sócios o mais comum é que apenas um sócio permaneça na sociedade ficando o sócio remanescente obrigado a recompor a pluralidade de sócios em um segundo momento.

[39] Tradução livre: Cláusulas de Compra e Venda são um componente crítico de muitas *joint ventures*. Em nossa opinião, embora comumente contenciosa, as Cláusulas de Compra e Venda são um dispositivo importante para incluir em um relacionamento de *joint venture*. O tipo de cláusula compra e venda que tipicamente vemos é a chamada compra e venda *"shotgun"*. Em

O efeito principal das cláusulas de compra e venda forçada é imitar os efeitos da dissolução parcial *latu sensu* ao retirar um dos sócios, se não da sociedade ao menos do controle. Isso se dá por meio da cessão onerosa de quotas de um sócio para outro.

Ao retirar um dos sócios, o conflito de interesses qualificado pela pretensão resistida se resolve da forma mais simples possível. Retira-se uma das partes e seus interesses, ou se retira de uma das partes a capacidade de resistir aos interesses da outra parte. Seja como for, o resultado esperado é o termino do conflito e a não ocorrência de conflitos futuros (ao menos entre os mesmos sócios na mesma sociedade).

O efeito mais comum do referido tipo de cláusula é justamente a exclusão do sócio. Embora seja possível construir a cláusula de forma que apenas a estrutura de controle seja alterada mantendo-se todos os sócios, a própria utilização dessa cláusula é, na maioria das vezes, um claro indicativo de que não há mais qualquer vontade por qualquer dos sócios de permanecer associado aos demais sócios. Isso se mostra verdadeiro tanto em Sociedades Limitadas, em que o *affectio societatis* é mais visível, como em S.A. em que essa característica não é tão presente.

2.6.2. Quando negociar

Como bem disse M.G Landry: *"Just like Theseus[40] plan your exit before you go in"*[41]. Ou seja, embora seja possível decidir adotar uma saída para um pro-

---

uma cláusula de compra e venda *shotgun*, qualquer uma das partes (a "Parte Ofertante") têm o direito, após a ocorrência de um gatilho (e.g. um período fixo de tempo ou a ocorrência de um impasse com relação a uma decisão importante), de avisar a outra parte (o "Destinatário") de que deseja comprar o a participação do Destinatário e arbitrar um valor para os ativos da *joint venture*. O preço a ser pago é o montante que o destinatário receberia se os ativos fossem vendidos pelo preço indicado. O Destinatário então, terá um período de tempo para optar por vender a esse preço ou para comprar a participação da Parte Ofertante pelo preço que a Parte Ofertante receberia se os ativos fossem vendidos pelo preço indicado.

ALLGOOD, Joan U e SMALL, Andrew D. **Advanced Issues in Joint Ventures and Preferred Equity Structures: Major Decisions, Deadlock Solutions, Allocations, Dilution and More.**

[40] Theseus foi um herói da mitologia grega que derrotou o Minotauro. Ele entrou no labirinto portando uma espada e um rolo de lã. Após derrotar o Minotauro ele usou o rolo de lã para retornar do lugar que entrou, saindo do labirinto. No texto o exemplo de Theseus é utilizado como referência para a necessidade de planejar sua saída antes de entrar no labirinto e não após a entrada.

[41] Tradução livre: Assim como Theseus, planeje sua saída antes de entrar. Landry MG, Canadian Medical Association Journal [Can Med Assoc J], ISSN: 0008-4409, 1979 Dec 22; Vol. 121 (12), pp. 1612-3; Publisher: Canadian Medical Association; PMID:

blema (resolução de conflitos societários) após a sua ocorrência (instauração do conflito societário), o ideal será fazê-lo antes do problema existir (antes da instauração do conflito).

No mesmo artigo, o autor dá três exemplos de situações que poderiam dar errado (i) em uma associação de médicos que não tenha planejado uma saída forçada para comprar as ações da viúva de um médico falecido, (ii) da ex-esposa de um médico divorciado e (iii) de um médico que tenha perdido sua licença[42]. Esses são apenas alguns dos exemplos possíveis que

---

534981, Base de dados: MEDLINE Complete disponível em http://eds.a.ebscohost.com/eds/results?sid=e5626de9-3c63-4b70-8da0-bee4f50c6b66%40sessionmgr4009&vid=0&hid=4102&bquery=what+can+you+save+with+a+buy-sell+agreement&bdata=Jmxhbmc9cHQtYnImdHlwZT0xJnNpdGU9ZWRzLWxpdmUmc2NvcGU9c2l0ZQ%3d%3d acessado dia 09 de março de 2017.

[42] Let's look at a situation where a doctor owns shares in a medical building. If he dies without a shareholders' agreement and leaves his estate to his widow, she will ultimately own her husband's interest in the building. While remaining shareholders may offer to buy his spouse's shares at market value, there's no guarantee that they will. And although they will probably want to acquire the shares they will also be in a position to dictate the price.

A good investment for a doctor may not be such a good investment for his widow. While alive the doctor is concerned with the appreciation of his shares. But it's likely that his widow will be looking for income to live on and cash to pay any taxes triggered at her husband's death. As a minority shareholder and an outsider she has little influence on the dividend policy of the corporation.

This is also a problem for the remaining shareholders. For example, they may want each doctor in the building to have a financial interest in the property. But, without an agreement specifying otherwise a widow is under no obligation to sell these shares to either the corporation or to a new tenant or partner.

A shareholder doesn't have to die to create a problem. Take the example of a group of doctors who arranged the ownership of their medical building through their spouses by way of a corporation: when one of the physicians left the practice and his spouse for greener pastures and a sunnier climate, the deserted spouse vented her wrath on her former husband's colleagues. She refused to sell her shares back to the corporation or to the incoming partner's spouse. In fact, she showed up at all of the official meetings of the company and created as much havoc as possible. This problem would not have arisen had there been a properly drafted buy-sell agreement.

A buy-sell agreement should also spell out the mechanism by which a shareholder can buy out an incapacitated shareholder. (A key shareholder may not be able to function effectively for a long time because of illness or personal or financial difficulties.) The remaining shareholders should have the power to buy out the interest of this shareholder.

Tradução livre: Vamos olhar para uma situação em que um médico possui ações em um edifício médico. Se ele morrer sem um acordo de acionistas e deixar sua herança para sua viúva, ela vai, em última análise deter a participação do marido no edifício. Embora os demais acionistas

justificam a criação de uma cláusula de compra e venda forçada antes da criação da sociedade.

Mesmo nos casos em que ambos os sócios aceitem a inclusão tardia da cláusula para solucionar o conflito societário em questão, a negociação dos termos, condições e prazos da cláusula será muito mais difícil e demorada quando feita em meio a um conflito já instalado.

Por essa razão, o momento ideal para a discussão, negociação e inclusão das cláusulas de compra e venda forçada recíprocas é antes da ocorrência de qualquer conflito, preferencialmente no momento de constituição da sociedade ou *joint venture*, ou no momento da entrada de sócio que passará a dividir o controle.

2.6.3. Compra e venda forçada e o Judiciário

Atualmente, inexiste vasta jurisprudência em relação ao tema de Compra e Venda Forçada de participações societárias. Walfrido Jorge Warde

---

possam tentar comprar as ações da viúva pelo valor de mercado, não há nenhuma garantia de que eles conseguiram. E, embora eles provavelmente vão querer adquirir as ações, eles também estarão em posição de ditar o preço.

Um bom investimento para um médico pode não ser um investimento tão bom para sua viúva. Enquanto vivo o médico está preocupado com a valorização de suas ações. Mas é mais provável que sua viúva vai esteja a procura de renda para viver e dinheiro para pagar quaisquer impostos desencadeados pela morte de seu marido. Como acionista minoritário e estranha à empresa ela tem pouca influência sobre a política de dividendos da empresa.

Além disso, este é um problema para os demais acionistas. Por exemplo, eles podem querer que cada médico no edifício tenha um interesse financeiro na propriedade. Mas, sem um acordo especificando em contrário, uma viúva não tem a obrigação de vender ações à empresa ou a um novo inquilino ou parceiro.

Um acionista não tem que morrer para criar um problema. Tomemos o exemplo de um grupo de médicos que organizou a propriedade de seu edifício médico através de seus cônjuges por meio de uma corporação: quando um dos médicos deixou a prática e sua esposa para pastos mais verdes e um clima mais ensolarado, a esposa abandonada desabafou sua ira nos colegas de seu ex-marido. Ela se recusou a vender suas ações de volta para a empresa ou para o cônjuge do novo médico. Na verdade, ela apareceu em todas as reuniões oficiais da empresa e criou tantos problemas quanto possível. Este problema não teria surgido caso houvesse uma cláusula de compra e venda devidamente elaborada.

Um acordo de compra e venda também deve explicitar o mecanismo pelo qual um acionista pode comprar a um acionista incapacitado. (Um acionista importante pode não ser capaz de trabalhar por um longo tempo de forma eficaz, por conta de uma doença ou por dificuldades pessoais ou financeiras.) Os demais acionista devem ter o poder para comprar a participação deste acionista.

Júnior e Ruy de Mello Junqueira Neto, compilaram as decisões judiciais proferidas pelas Câmaras Reservadas de Direito Empresarial do Tribunal de Justiça do Estado de São Paulo (CRDE), e encontraram apenas quatro julgados sobre o tema:

(i)   Apelação Civil nº 0002884-25.2009.8.26.0539;
(ii) Agravo de Instrumento nº 016634-44.2011.8.26.0000;
(iii) Agravo Regimental nº 016634-44.2011.8.26.0000/50000; e
(iv) Apelação Civil nº 0115673-26.2009.8.26.0002.

Segundo os autores, são duas as conclusões advindas dessas quatro decisões:

> Aquele que assumiu o dever de transferir quotas sociais poderá ser compelido a fazê-lo, por meio de ação judicial em que se busque o cumprimento forçado dessa obrigação.
>
> (...)
>
> O documento desprovido de requisitos formais e materiais, que expresse a efetiva compra e venda de quotas sociais, não é título hábil a ser averbado no registro de comércio, especialmente para os fins de transferência forçada de quotas sociais entre os contratante[43].

Percebe-se dos julgados mencionados acima que as cláusulas de compra e venda podem ter sua exequibilidade imposta judicialmente, desde que os requisitos materiais e formais mínimos sejam atendidos.

Vale ressaltar que em outros países já se fala em aplicar judicialmente uma cláusula de compra e venda forçada que não tenha previsão como forma de resolução de conflitos societários, conforme o artigo abaixo da University of Chicago Law Review.

> In recent, previous work, we have argued that courts both can and should make greater use of so-called Shotgun mechanisms in business-divorce cases. In these mechanisms, the court would require one owner to name a buy--sell price, and the other owner would be required to either buy or sell shares at the named price. This proposal represents an application of the classic

---

[43] WARDE JÚNIOR, Walfrido Jorge e JUNQUEIRA NETO, Ruy de Mello. **Direito Societário Aplicado** – baseado nos precedentes das câmaras reservadas de direito empresarial do Tribunal de Justiça do Estado de São Paulo. Saraiva 2014. p. 86 e 87.

cake-cutting mechanism, in which one party cuts the cake (sets the buy-sell price) and the other party chooses a piece (by either buying or selling shares). Under ideal conditions, Shotgun mechanisms have the desirable feature that the owner who makes the buy-sell offer has an incentive to name an accurate and fair price, since he or she may end up on either side of the transaction.[44]

Há inclusive estudos apontando que se o Poder Judiciário tomasse essa medida como solução padrão para conflitos societários, as partes resolveriam seus problemas sem necessidade de intervenção judicial.

Moreover, if Shotgun mechanisms become a commonly-applied valuation procedure and default remedy for the judicial resolution of business deadlock, then more equitable private outcomes will be obtained as parties will bargain in the shadow of the Shotgun mechanism and settle their differences out of court. Despite their obvious potential benefits, courts in the United States seldom use Shotgun mechanisms to resolve business deadlocks. Fulk v. Washington Service Associates, Inc. provides a rare example. In contrast, Canadian judges frequently apply Shotgun mechanisms when resolving business divorce. The Canadian experience demonstrates the feasibility of the implementation of our proposal.[45]

---

[44] Tradução livre: Em trabalho recente, anterior, temos arguimos que os tribunais tanto podem quanto devem fazer uma maior utilização das chamadas cláusulas "shotgun" nos casos de divórcio societário. Nesses mecanismos, o tribunal exigiria que um sócio determinasse um preço de compra e venda, e o outro sócio seria obrigado a ou comprar ou vender suas ações, pelo preço estipulado. Esta proposta representa uma aplicação do clássico mecanismo de corte de bolo, no qual uma parte corta o bolo (define o preço de compra ou venda) e a outra parte escolhe um pedaço (comprando ou vendendo sua participação). Em condições ideais, mecanismos de Shotgun dispõem de um recurso desejável ao incentivar o sócio que faz a oferta de compra e venda a determinar um preço preciso e justo, já que ele ou ela podem acabar em qualquer lado da transação.
LANDEO, Claudia M; SPIER, Kathryn E. **Irreconcilable Differences: Judicial Resolution of Business Deadlock**. The University of Chicago Law Review. Disponível em https://lawreview.uchicago.edu/sites/lawreview.uchicago.edu/files/uploads/81_1/09_Landeo-Spier_SYMP.pdf acessado dia 09 de março de 2017.
[45] Tradução livre: Ademais, se mecanismos de Shotgun se tornassem comumente aplicados como procedimento de avaliação e remédio padrão para a soluções judicial de impasses societários, então, resultados extrajudiciais mais equitativos seriam obtidos já que as partes negociariam nas sombras do mecanismo de Shotgun e resolveriam suas diferenças fora dos tribunais. Apesar de seus evidentes benefícios potenciais, os tribunais nos Estados Unidos raramente usam mecanismos Shotgun para resolver impasses societários. Fulk v. Washington

A inclusão legislativa da possibilidade de juízes aplicarem cláusulas de compra e venda forçada em sociedades em situação de conflito societário, ainda que os documentos societários de referidas sociedades não disponham de previsão expressa neste sentido, incentivaria as partes a resolver seus conflitos amigável e extrajudicialmente.

Services Associates, Inc. fornece um raro exemplo. Em contraste, juízes canadenses frequentemente aplicam Mecanismos de Shotgun ao resolver dissoluções societárias. A experiência canadense demonstra a viabilidade da implementação de nossa proposta.
LANDEO, CM. **Shotguns and Deadlocks**. Yale Journal on Regulation. 31, 143, Jan. 1, 2014. Disponível em https://www.law.umich.edu/centersandprograms/lawandeconomics/workshops/Documents/Paper%2012.Landeo.Shotguns%20and%20Deadlocks%20(2).pdf acessado dia 09 de março de 2017.

3
Cuidados ao negociar

As cláusulas de compra e venda forçada têm uma série de peculiaridades que exigem alguns cuidados a serem tomados na negociação. Os principais cuidados são abordados a seguir, a começar por quando referidas cláusulas são aplicáveis.

3.1. Vesting e Triggers
Os primeiros cuidados a serem analisados são relacionados à aplicação da cláusula. Nesse sentido; primeiro é necessário diferenciar o momento no qual a cláusula se torna válida do momento no qual ela se torna exercível. Feita essa diferenciação, é necessário definir a materialidade dos conflitos nos quais a cláusula será aplicável. Após essa análise, é preciso considerar quanto tempo será necessário para determinar que uma saída amigável não é possível. Por fim, deve-se saber como se dará a aplicação da cláusula.

3.1.1. Vesting: Quando a Cláusula poderá ser utilizada
Muitos contratos de opção tem um período de *"vesting"* quando a opção é válida, mas não é exercível. A opção somente passa a ser exercível ou *vested* após um evento, que pode ser a simples passagem do tempo ou uma ocorrência específica predeterminada. No caso das cláusulas de compra e venda forçada de participação societária, o momento no qual essas opções passam a ser exercíveis deve ser o momento da instauração de um impasse societário.

Vale mencionar que essa limitação na aplicabilidade da cláusula não é legalmente necessária para a validade da cláusula, porém, como a cláusula de compra e venda forçada imita os efeitos de uma dissolução parcial, é recomendável que essa limitação seja imposta como forma de mitigar o risco de que um dos sócios utilize a aplicação da cláusula para forçar uma dissolução parcial da sociedade.

3.1.2. Definindo Materialidade

É muito importante definir com clareza que tipos de conflitos poderão tornar a cláusula exercível. Sugere-se que a cláusula só seja aplicada para conflitos considerados materiais pelos sócios.

Como a cláusula de compra e venda forçada leva à exclusão de um dos sócios da sociedade, tendo, portanto, um efeito extremo muito semelhante à dissolução parcial da sociedade, não seria, razoável ou desejável (ainda que seja possível) que referida cláusula fosse aplicável em situações de baixa materialidade.

Essa cautela tem por objetivo dificultar situações nas quais um sócio se sinta incentivado a criar um conflito que ordinariamente não existiria, de forma a poder utilizar essa cláusula e ou sair da sociedade ou expulsar um de seus sócios.

A definição de conflito material deverá ser feita de modo amplo o suficiente para evitar que conflitos materiais não previstos escapem ao alcance da cláusula; contudo não deve ser ampla o suficiente para que qualquer conflito possibilite a aplicação da cláusula, tendo em vista que sua aplicação representará uma ruptura na vida social, que deve, na medida do possível, ser evitada.

Não cabe aqui definir em detalhe o que seria um conflito material, já que o grau de materialidade pode variar conforme a sociedade e essa definição deve ser feita sob medida (*tailor made*) para cada sociedade, contudo, pode-se estabelecer como regra geral que um conflito será material sempre que trouxer riscos à regular operação da sociedade.

3.1.3. Definindo Conflito Intransponível

Assim como o conceito de materialidade, o conceito de quando um conflito se torna intransponível pode variar conforme as necessidades da empresa. Algumas podem entender que o conflito se torna intransponível quando não se chega em um consenso na reunião de sócios. Outras podem entender que uma segunda reunião de sócios é necessária. Outras podem, ainda, entender que uma tentativa de mediação assistida por mediador profissional é necessária antes de considerar um conflito como intransponível.

Assim como na definição de materialidade citada acima, nessa questão não há apenas uma resposta certa. A escolha de como será redigida a cláusula deve levar em consideração a necessidade de impedir a aplicação desnecessária da cláusula e balancear essa questão com o tempo e os gastos necessários para as tentativas de resolução amigáveis, que podem gerar custos consideráveis de tempo e dinheiro.

A Lei das S.A. traz em seu art. 129 §2º a necessidade de convocar uma segunda assembleia com dois meses de intervalo contados da assembleia que terminou em "empate" antes de buscar o poder judiciário para solucionar determinado conflito societário. Pode-se usar esse prazo escolhido pelo legislador como sugestão de critério para determinar um conflito como intransponível e diminui-lo ou aumenta-lo conforme as necessidades de cada sociedade.

3.1.4. Definindo quem fará a primeira oferta

Além de definir o período em que a cláusula poderá ser exercida, outro cuidado muito importante é definir quem iniciará o processo, ou quem "puxará o gatilho". Da forma como a maioria das cláusulas de compra e venda forçada são estruturadas, é sabido que a parte que aciona a cláusula fica em uma desvantagem negocial, pois é forçada a dar um preço sem saber se compra ou se vende, enquanto a outra parte tem a vantagem de escolher como se dará o desfecho da situação. Essa vantagem para a outra parte já foi comprovada em diversos estudos, conforme se verifica da citação abaixo.

> Using a mechanism-design approach, McAfee (1992) studies partnership dissolution mechanisms in an independent private values environment. He shows that the person receiving the buy-sell offer is in a relatively advantageous position, and that these mechanisms may result in inefficient outcomes. McAfee (1992) and Cramton, Gibbons, and Klemperer (1987) explore alternative partnership dissolution mechanisms, such as a simultaneous sealed-bid auction where the partner with the high bid gets the partnership asset at a price equal to a predetermined combination of the two bids. In a recent theoretical work, de Frutos and Kittsteiner (2008) argue that the inefficiency of buy-sell mechanisms (McAfee, 1992) is mitigated if the parties bid to determine the offeror[46].

---

[46] Tradução livre: Usando uma abordagem mecanismo de design, McAfee (1992) estuda mecanismos de dissolução de sociedades em um ambiente de valores privados independente. Ele

Essa característica das cláusulas pode ser mitigada por meio de variações da cláusula padrão (e.g. *faires sealed bid* descrito adiante), ou por meio de um mecanismo de sorteio para determinar quem deve fazer a primeira oferta. Alternativa igualmente válida é manter essa característica como forma de evitar o uso prematuro da cláusula trazendo uma leve desvantagem para a parte que der causa ao acionamento. No caso, a decisão de mitigar ou não a característica dessa cláusula é puramente negocial.

Contudo, vale destacar a necessidade de deixar claro a ambos os sócios que a cláusula de compra e venda forçada não é uma solução mandatória para a resolução de conflitos, ou seja, que os sócios podem tentar negociar uma solução alternativa sem acionar essa cláusula. Essa estrutura é importante para evitar que cada sócio fique esperando o outro acionar a cláusula e, com isso, a sociedade fique sem comando e perdendo valor durante esse período.

Sobre esse tema valem as palavras de María-Angeles de Frutos e Thomas Kittsteiner:

> **Waiting for the other to propose.** If partners are ignorant about the possibility of negotiations (e.g., because they are not explicitly stated in the partnership agreement), either party may end up waiting for the other to name a price, as neither wants to propose. The time it takes to reach an agreement might impose costs on the parties as it may prevent them from either getting involved in other ventures or from running the business. This costly and time-consuming route can be modelled as a war of attrition.[47]

---

demonstra a pessoa que recebe a oferta de compra e venda está em uma posição relativamente vantajosa, e que esses mecanismos podem resultar em resultados ineficientes. McAfee (1992) e Cramton, Gibbons e Klemperer (1987) exploram mecanismos de dissolução da parceria alternativos, como um leilão simultâneo de envelopes lacrados no qual o sócio com o lance mais alto fica com o ativo por um preço igual a uma combinação predeterminada dos dois envelopes.Em um recente trabalho teórico, de Frutos e Kittsteiner (2008) argumentam que a ineficiência dos mecanismos de compra e venda (McAfee, 1992) é atenuada se as partes sortearem o ofertante.

BROOKS, Richard R.W., LANDEO, Claudia M. e SPIER, Kathryn E. **Trigger happy or gun shy? Dissolving common-value partnerships with Texas shootouts**. RAND Journal of Economics Vol. 41, nº 4, Winter 2010. p. 649-673 Disponível em https://sites.ualberta.ca/~econwps/2009/wp2009-01.pdf acessado dia 09 de março de 2017.

[47] Tradução livre: Esperando a proposta do outro. Se os sócios ignoram a possibilidade de negociações (e.g. porque elas não estão explicitamente mencionadas no acordo de sócios) Qualquer uma das partes pode acabar esperando que o outro determine um preço, uma vez

3.2. Dissolução Parcial *Latu Sensu*

Como mencionado anteriormente, as cláusulas de compra e venda forçada só devem ser aplicadas em conflitos materiais e quando não for mais possível uma solução amigável. Quando da aplicação dessa cláusula, a relação entre os sócios já não será a mesma quando se associaram e, por isso, ainda que tecnicamente fosse possível solucionar o conflito retirando apenas ações suficientes para que o controle se tornasse definido, é sugerível que a cláusula gere a saída por inteiro de um dos sócios da sociedade, gerando a resolução da sociedade em relação a um dos seus sócios.

Conflitos mais acentuados só poderão ser definitivamente resolvidos pela saída de sócios. Conflitos de menor intensidade também poderiam ser resolvidos por meio de cessão onerosa de participações societárias sob métricas pré-acordadas. Assim também entende Ruy Pereira Camilo Júnior (sem grifos no original).

> As cessões de quotas são um instrumento fundamental para a solução dos litígios societários. Podem elas ser utilizadas entre sócios para reequilibrar posições de poder, sem que qualquer um deles se afaste da sociedade.
>
> Diante de um equilíbrio de forças que leve à paralisia entre facções contrapostas, pode ser acordada a venda de participações de uns para outros para que emerja um controlador definido, com poderes para imprimir rumos à empresa. Isso pode ocorrer de acordo entre todos, ou pode se dar pela cooptação de algum minoritário.
>
> **Em outras situações, o conflito é tão acentuado que somente pela saída de determinados sócios pode ser superado. Essa saída pode se formalizar pela cessão de quotas aos demais sócios** ou pelo ingresso acordado de terceiros no quadro social.[48]

---

que nenhum deles quer iniciar a proposta. O tempo que leva para chegar a um acordo pode gerar custos às partes, uma vez que podem impedi-los de investir em outros empreendimentos e de gerir o negócio. Esta via dispendiosa e consumidora de tempo pode ser modelada como uma guerra de atrito.
FRUTOS, María-Angeles de e KITTSTEINER, Thomas. **Efficient partnership dissolution under buy-sell clauses**. RAND Journal of Economics (Wiley-Blackwell). 39, 1, 184-198, 2008. ISSN: 07416261. Disponível em ftp://ftp.cemfi.es/pdf/papers/Seminar/MAgeles_Frutos.pdf acessado dia 09 de março de 2017.

[48] CAMILO JÚNIOR, Ruy Pereira. **Contrato de Cessão de Quotas Sociais** in AZEVEDO, Luís André N. de Moura; CASTRO, Rodrigo R. Monteiro de (Coord.). **Sociedade Limitada Contemporânea**. São Paulo, Quartier Latin, 2013. p. 219

Grande parte da força das cláusulas de compra e venda forçada está justamente no fato de uma das pessoas envolvidas ser forçada a sair da sociedade quando a cláusula é instaurada. Isso, aliado à lógica da cláusula pela qual nenhum dos sócios sabe quem vai sair (mas ambos sabem que alguém vai sair), acaba por gerar um efeito inesperado de prevenção de conflitos societários.

De fato, mesmo sociedades com cláusulas de compra e venda raramente se utilizam dessas cláusulas, tendendo a resolver conflitos com simples ofertas de compra e de venda *"Despite their widespread inclusion in business contracts, even the most experienced attorneys have rarely (if ever) seen a Texas Shootout clause triggered."*.[49]

Contudo, o fato da cláusula não ser aplicada com regularidade não significa que não seja útil. Ao contrário, o efeito de prevenção de conflitos gerado pelas cláusulas de compra e venda forçada e os incentivos que elas dão às soluções negociais são a prova de sua eficiência.

Vale notar que embora a exclusão de um dos sócios teoricamente contra a sua vontade seja um efeito comum tanto da cláusula de compra e venda forçada quanto da dissolução parcial *strictu sensu* ou da exclusão de sócio, essas figuras não se confundem.

Isso porque a dissolução parcial *strictu sensu* é um ato entre a sociedade e o sócio, e não entre os sócios e, por isso, a sociedade a responsável por pagar os haveres do sócio, ao passo que a compra e venda forçada é um ato entre os sócios no qual um dos sócios paga pela participação do outro sem o envolvimento da sociedade.

Sobre as vantagens da saída de sócios por meio da cessão de quotas, cabem as palavras de Ruy Pereira Camilo Júnior:

> A saída pela via da cessão, em lugar da dissolução parcial, evita o risco de descapitalização da empresa pela liquidação da quota. De outra parte, viabiliza-se o mais ágil e fácil recebimento pelo sócio dissidente de seus haveres,

---

[49] Tradução livre: Apesar de sua frequente inclusão em contratos, até mesmo os advogados mais experientes, raramente (ou nunca) viram a execução da cláusula Texas Shootout. BROOKS, Richard R.W., LANDEO, Claudia M. e SPIER, Kathryn E. **Trigger happy or gun shy? Dissolving common-value partnerships with Texas shootouts**. RAND Journal of Economics Vol. 41, nº 4, Winter 2010. p. 649-673 Disponível em https://sites.ualberta.ca/~econwps/2009/wp2009-01.pdf acessado dia 09 de março de 2017.

permitindo-lhe, com mais eficiência, reutilizar esses recursos, dando-lhes nova destinação no mercado.[50]

Ainda, no caso da compra e venda forçada, ambos os sócios consentiram no momento da criação da cláusula com a sua saída se determinadas condições futuras se realizassem. Ou seja, ainda que um sócio possa ser forçado a sair sem assim desejar, ele só será forçado a sair por ter anteriormente concordado com essa possibilidade.

3.3. Precificação e Prazo de Resposta
3.3.1. Formação do Preço

Uma das principais características das cláusulas de compra e venda forçada de participações societárias é permitir uma precificação justa e interessante a ambas as partes.

A forma da precificação pode variar entre uma cláusula e outra, mas a mais simples, conforme dito anteriormente, consiste em que um sócio determine o valor e o outro decida se prefere comprar ou vender por este valor.

Em situações ideais, o sócio que determina o preço não colocaria um preço alto demais para não ser obrigado a pagar mais do que a participação do outro sócio vale, nem um valor baixo demais de forma a não ser obrigado a vender a própria participação a um valor vil.

3.3.2. Precificação em caso de disparidade de recursos

Algumas distorções podem ocorrer na precificação quando um dos sócios tem poder econômico em muito superior ao outro. Nesses casos, o sócio ofertante pode ofertar um valor pela participação do outro sócio que seja muito inferior ao que a participação efetivamente vale mas, ao mesmo tempo, maior do que o sócio ofertado seria capaz de pagar, o que poderia gerar uma situação de enriquecimento sem causa ao sócio ofertante.

Caso se esteja negociando uma cláusula de compra e venda forçada em situação na qual as partes estão em disparidade econômica, é de extrema relevância atentar para o prazo para responder à outra parte se deseja com-

---

[50] CAMILO JÚNIOR, Ruy Pereira. **Contrato de Cessão de Quotas Sociais** in AZEVEDO, Luís André N. de Moura; CASTRO, Rodrigo R. Monteiro de (Coord.). **Sociedade Limitada Contemporânea**. São Paulo, Quartier Latin 2013. p. 220

prar ou vender. Se esse prazo for suficientemente alto, o sócio com menos recursos terá tempo para buscar um financiamento[51], reequilibrando assim a cláusula e voltando a garantir que a precificação será feita a preço justo. No entanto, se o prazo de resposta for curto, o sócio com mais recursos terá uma vantagem.

3.3.3. Precificação em caso de disparidade de participações

Embora as cláusulas de compra e venda forçada sejam mais comumente utilizadas em sociedades nas quais dois sócios detenham participação paritária, nada impede que sociedades com outras composições societárias, desde que não tenham controladores definidos, possam se valer de referida cláusula. Contudo, no segundo caso, alguns cuidados são necessários.

O redator da cláusula deverá se atentar ao fato de que a quantidade de recursos despendida por um sócio que detenha 1% das ações e deseje comprar os outros 99% será em muito superior à quantidade de recursos que um sócio que detenha 99% deverá dispor se desejar comprar o outro 1%, conforme se verifica do trecho abaixo retirado de um *paper* do departamento de economia da universidade de Alberta (Department of Economics of the University of Alberta).

> Interestingly, the probability that a partner "wins" the shootout and is the ultimate owner of the assets is equal to his initial equity stake. To put it somewhat differently, the pattern of ownership is "sticky" – a partner who owns a greater share of the partnership before the breakup is more likely to be the owner after the breakup. To see the intuition behind this result, consider the extreme case where Partner 2 has a 99% stake in the asset, but chooses to buy out Partner 1 with only .5 probability (based on a flip of an evenly weighted coin). Hence, when Partner 1 names a low-ball price, he acquires an additional 99% of the asset for a discount with even odds, and risks being underpaid for just 1% of the asset with the same odds. Given that Partner 2 chooses to buy the asset with such low probability relative to his ownership interest, Partner 1 is encouraged to downwardly distort the announced asset price. Indeed, unless Partner 2 chooses to buy the asset in direct proportion to his ownership interest, Partner 1 will have incentive to misrepresent the asset's value.[52]

---

[51] Existem inclusive fundos extremamente especializados nesse tipo de empréstimo, como se pode ver do site http://www.shotgunfund.com/ acessado dia 09 de março de 2017.

[52] Tradução livre: Curiosamente, a probabilidade de que um sócio "ganhe" o shootout e se torne o proprietário final dos ativos é igual a sua participação no capital social. Em outras

Consequentemente, quanto maior a disparidade das participações, maior interesse terá o sócio com menor participação em oferecer um valor menor do que o que considera justo. Dessa forma, se conseguir comprar a participação do outro, o fará com um grande deságio. Porém, se for forçado a vender a própria participação, o fará com apenas um leve prejuízo.

Mutatis mutandis, o sócio com a maior participação poderá se sentir encorajado a avaliar a empresa por um valor superior ao que ela vale, tendo um grande lucro caso consiga vender sua participação, mas apenas um pequeno prejuízo caso tenha que comprar a participação da outra parte.

3.3.4. Limites à Vontade das Partes na Precificação

Dependendo da discrepância entre o valor ofertado e o valor efetivo da participação, o negócio jurídico poderia ser, teoricamente, considerado como anulável por trazer enriquecimento sem causa para uma das partes. Como não é do interesse de nenhuma das partes que a cláusula seja anulada, valeria incluir alguma determinação de valor mínimo para a aquisição.

O valor mínimo a ser determinado não pode, no entanto, ser alto o suficiente de forma a impedir a efetividade da cláusula. Tampouco deve ser tão baixo que não funcione para mitigar a possibilidade de o negócio ser considerado inválido.

Um valor que parece adequado a esse propósito é o valor patrimonial por quota (ou por ação, conforme o caso), que seria o valor ao qual o sócio teria direito caso exercesse o seu direito de retirada, conforme ensina Fábio Ulhôa Coelho.

palavras, a divisão do capital social é "pegajosa" – um sócio que possui uma parcela maior da sociedade antes da separação tem maiores chances de se tornar o proprietário após a separação. Para ver esse resultado de forma intuitiva considere o caso extremo em que o Sócio 2 detenha 99% da participação no ativo, mas escolhe comprar a participação do Sócio 1 com apenas 0,5 de probabilidade (baseada em um arremesso de uma moeda não viciada). Assim, quando o Sócio 1 determina um preço baixo, tem a chance de adquirir 99% do ativo por um desconto, correndo o risco de ser mal pago por apenas 1% do ativo. Caso o Sócio 2 opte por comprar o ativo, dado a baixa probabilidade em relação à participação societária, o Sócio 1 é incentivado a distorcer o preço dos ativos para baixo. De fato, a menos que o Sócio 2 opte por comprar o ativo em proporção direta à sua participação, o Sócio 1 vai ter incentivo para adulterar o valor do ativo.
BROOKS, Richard R.W., LANDEO, Claudia M. e SPIER, Kathryn E. **Trigger happy or gun shy? Dissolving common-value partnerships with Texas shootouts**. RAND Journal of Economics Vol. 41, nº 4, Winter 2010. p. 649-673 Disponível em https://sites.ualberta.ca/~econwps/2009/wp2009-01.pdf acessado dia 09 de março de 2017.

No exercício do direito de retirada, também está preceituado que o quotista terá direito ao reembolso (ou seja, haverá troca da quota do retirante por dinheiro pago pela sociedade) e que esse será definido tomando-se por parâmetro a dissolução total, isto é, em função do patrimônio líquido da sociedade limitada.[53]

Ao eleger o valor patrimonial por quota, garante-se que a aplicação da cláusula de compra e venda forçada não trará malefícios a qualquer das partes, já que fica garantido que ambas as partes receberão ao menos o mesmo que receberiam caso a empresa fechasse e seus ativos fossem vendidos, cenário de provável ocorrência em sociedades paralisadas por conflitos societários não resolvidos.

3.4. Exequibilidade

Talvez a característica mais importante de qualquer cláusula seja sua exequibilidade. De nada adianta uma cláusula resolver um problema no mundo das ideias se não funcionar na prática.

A primeira característica a se analisar é a exequibilidade judicial – se a cláusula atende os requisitos legais para ser exequível mediante ordem judicial. Esse ponto já foi tratado no item 2.6.3 da presente obra e há, inclusive, julgados no sentido de que, desde que os requisitos materiais e formais tenham sido cumpridos, cláusulas de compra e venda forçada poderão ser executadas por meio do Poder Judiciário.

3.4.1. Exequibilidade Arbitral

Embora jurisprudência arbitral seja escassa e de difícil acesso no mundo jurídico, pode-se supor que as decisões arbitrais não serão distintas das decisões judiciais no mérito dessa matéria.

Vale lembrar que a possibilidade de decidir por arbitragem matérias societárias que seriam ordinariamente decididas pelo Poder Judiciário tem previsão específica no §3º do artigo 109 da Lei das S.A., necessitando apenas de previsão contratual no Estatuto para ser válida, conforme observam Modesto Carvalhosa e Nelson Eizirik.

---

[53] COELHO, FÁBIO ULHOA, **Apuração de Haveres na Sociedade Limitada** in YARSHELL, Flávio Luiz; PEREIRA, Guilherme Setoguti J. (coords) – **Processo Societário**. São Paulo. Quartier Latin, 2012. p. 190

De acordo com o § 3º acrescentado ao art. 109 da Lei n. 6.404/76 pela Lei n. 10.303/2001, o estatuto da sociedade pode estabelecer que as divergências entre os acionistas e a companhia, ou entre os acionistas controladores e os acionistas minoritários, poderão ser solucionadas mediante arbitramento, nos termos em que especificar.[54]

3.4.2. Exequibilidade Extrajudicial ou Auto Exequibilidade

A exequibilidade forçada de uma cláusula só pode ser implementada extrajudicialmente por meio da autotutela, ou mediante o exercício de um mandato específico e válido.

A autotutela consiste em exceção ao estado natural de monopólio estatal do exercício do poder no qual o particular pode por meio da sua própria ação resolver determinados conflitos.

Existe no ordenamento pátrio a previsão de diversos mecanismos de autotutela (e.g. (i) direito de cortar galhos de árvores limítrofes que ultrapassem a extrema do prédio; (ii) o poder de efetuar prisões em flagrante; (iii) legitima defesa ou estado de necessidade; (iv) direito de não cumprir obrigação assumida em contrato bilateral entre particulares enquanto a outra parte não cumprir as obrigações por ela assumidas, etc.).

A forma mais interessante de autotutela a ser analisada para fins desta obra é a prevista no §9º do artigo 118 da Lei das S.A., que assegura a uma parte o direito de votar com as ações de outra parte desconsiderando eventual ausência, omissão ou voto em contrário da outra parte[55] descrita por Modesto Carvalhosa:

> O regime de autotutela insere-se no universo dos direitos pessoais relativos, que permitem ao sujeito de direito exigir o cumprimento do dever legal ou o adimplemento de contrato.
>
> Trata-se de um direito subjetivo, que outorga legitimidade jurídica para o sujeito diretamente exigir ação ou omissão de pessoas certas e determinadas.

---

[54] CARVALHOSA, Modesto e EIZIRIK, Nelson. **A nova Lei das sociedades anônimas**. São Paulo, Saraiva, 2002. p. 178

[55] § 9º O não comparecimento à assembleia ou às reuniões dos órgãos de administração da companhia, bem como as abstenções de voto de qualquer parte de acordo de acionistas ou de membros do conselho de administração eleitos nos termos de acordo de acionistas, assegura à parte prejudicada o direito de votar com as ações pertencentes ao acionista ausente ou omisso e, no caso de membro do conselho de administração, pelo conselheiro eleito com os votos da parte prejudicada.(Incluído pela Lei nº 10.303, de 2001)

(...)
Isso posto, o novo §9º do art. 118 introduziu no ordenamento jurídico pátrio mais um dos casos de autotutela legítima (Selbsthife).[56]

O Acordo de Acionistas, como pacto parassocial que é, exige velocidade em sua aplicação para que sirva aos seus propósitos. Por esta razão, determinadas cláusulas desse documento geram o excepcionalíssimo direito a autotutela, conforme previsão expressa do artigo 118, § 9º da Lei das S.A.

3.4.3. Mandato Contratual

Ainda que a autotutela prevista no referido artigo não possa ser estendida a outras cláusulas do mesmo documento, é plenamente defensável que determinadas cláusulas do acordo de acionistas e de outros documentos parassociais semelhantes constituem um mandato por representação voluntária, conforme descrito por Orlando Gomes.

> O negócio jurídico que pode ser fonte da representação voluntária não é, exclusivamente, como se supunha, o contrato de mandato. O mandato como representação é apenas um desses negócios jurídicos. Outros porém desempenham a mesma função.[57]

Percebe-se que as cláusulas de compra e venda recíprocas, quando escritas adequadamente, possuem todas as características para serem consideradas um mandato outorgando a uma parte a representação da outra. Trata-se de uma manifestação de vontade prévia que representa a concordância com a transferência de um determinado bem, de determinada forma, em caráter irrevogável.

Sobre a irrevogabilidade desse instrumento, Orlando Gomes ensina que:

> Intuitivamente, a procuração em causa própria é irrevogável não porque constitua exceção à revogabilidade do mandato, mas porque implica transferência de direitos. (**RA**) O mandato com cláusula "em causa própria" sujeita-se a regras especificas: sua revogação é ineficaz, não se extingue pela morte

---

[56] CARVALHOSA, Modesto. **Comentários à Lei das Sociedades Anônimas, Vol. II. Artigos 75 a 137**. 3ª Edição. São Paulo. Saraiva 2003. p. 541 e 542.
[57] GOMES, Orlando, **Contratos**, 26ª Edição, Rio de Janeiro, Forense. 2007. p. 424.

das partes, o mandatário é dispensado da prestação de contas e pode transferir a si mesmo o bem objeto do Mandato⁴⁴ (**RA**).

(...)

Deve ser interpretada (**RA**) de outro (**RA**) modo a irrevogabilidade, quando a procuração é condição de (**RA**) um negócio bilateral ou foi estipulada no interesse exclusivo do mandatário. Nessa hipótese, a revogação será ineficaz.[58]

Ainda que seja plenamente defensável que as cláusulas de compra e venda forçada constituam um mandato sem carecer de uma procuração apartada para que possa ser plenamente utilizada como mandato, por precaução, sugere-se a assinatura de procurações separadas entre os sócios na mesma data de assinatura dos documentos societários.

Sugere-se, também, que se especifique nas procurações que estas são feitas em causa própria, como condição de um negócio bilateral e são, portanto, irrevogáveis e irretratáveis, sendo sua revogação ineficaz.

3.5. Principais Diferenças entre as Cláusulas

Não há qualquer consenso doutrinário ou qualquer consistência em relação aos nomes das cláusulas de compra e venda forçada. A mesma cláusula pode ser chamada por um autor de *shotgun*, por um segundo autor de *mexican shoot-out* e por um terceiro autor de *texas-shootout* ou mesmo *cake-cutting mechanism*. A nomenclatura dada às cláusulas pouco importa. Nesta obra, essas nomenclaturas são mantidas apenas para separar uma cláusula da outra. No Anexo II à presente obra há alguns exemplos de cláusulas que podem ser utilizadas pelo leitor.

3.5.1. Ofertas Firmes (Russian Roulette ou Shotgun)

A cláusula *shotgun*, também conhecida como Roleta Russa[59] é a espécie mais comum de cláusula de compra e venda forçada. Ela possui duas variantes básicas. Na primeira variante, um dos sócios oferece um valor por sua participação obrigando o outro sócio ou a comprar a participação do primeiro

---

[58] GOMES, Orlando, **Contratos**, 26ª Edição, Rio de Janeiro, Forense. 2007. p. 437.

[59] O nome da cláusula é uma clara alusão à mecânica do jogo de roleta russa no qual apenas um dos jogadores sai com vida e nenhum dos jogadores sabe qual será no começo do jogo. De forma semelhante ao jogo, na cláusula de compra e venda forçada apenas um dos sócios permanecerá na sociedade e nenhum deles saberá quem até o *trigger* (gatilho) ser acionado.

sócio pelo valor designado ou a vender a participação que possui ao valor designado. Na segunda variante, o sócio atribui um valor não à sua participação, mas à participação do outro sócio, invertendo por tanto a ordem das escolhas, o que intuitivamente não parece afetar a decisão final, conforme se verifica do artigo de Jacques Schnabel abaixo[60].

Many small businesses are structured as partnerships or private corporations, where the partnership agreement or articles of incorporation make explicit provision for the dissolution of the business via a legal protocol called the

---

[60] Tradução livre: Muitas pequenas empresas são estruturados como partnerships ou *private corporations* (equivalentes no Brasil a sociedade limitada e S.A. de capital fechado, respectivamente), nas quais o acordo de sócios ou estatuto social preveem explicitamente a dissolução da empresa através de um protocolo legal conhecido como cláusula de shotgun. Esta cláusula dá a uma das partes o poder para adquirir todos os ativos da empresa. Conforme explicado no Investopedia (n.d.), bem como no site da consultoria de negócios do Family Business Institute, Inc. (n.d.), uma parte, o chamado ofertante, utiliza esta cláusula para oferecer sua participação no negócio para a venda para a segunda parte, chamada de ofertada, a um preço especificado. Caso a ofertada rejeite a oferta, a ofertada será então obrigada a vender e o ofertante será obrigado a comprar a participação pelo mesmo preço de oferta. Na ausência da cláusula de shotgun, o preço de oferta desempenha uma única função; o preço de venda do ofertante. Contudo, havendo a cláusula de shotgun, o preço de oferta desempenha um papel duplo, a saber, inicialmente preço de venda do ofertante, mas posteriormente, caso a oferta seja rejeitada, preço de compra do ofertante. Assim, quando o ofertante inicia o protocolo determinando o preço de oferta, uma obrigação bilateral é criada, ou seja, o ofertante é obrigado a vender ou comprar, dependendo aceitação ou rejeição da oferta por parte da ofertada. Da mesma forma, na ausência da cláusula de shotgun, a ofertada é livre para aceitar ou rejeitar a oferta sem maiores desdobramentos legais. No entanto, na presença da cláusula de shotgun, a rejeição pela ofertada da oferta cria a obrigação de sua parte para vender ao ofertante, ao mesmo preço de oferta. Existe uma variante da cláusula de shotgun, que é discutido tanto no web site de consultoria empresarial da contabilidade e consultoria KPMG (KPMG (Business Advisory Services), n.d.) e The Canadian Business Financing Handbook (1993) publicado pelo Instituto Canadense de Contadores (Canadian Institute of Chartered Accountants), mas não abordada no presente trabalho. Esta variação da cláusula estipula que a proposta inicial da ofertante seja para comprar a participação da ofertada no negócio pelo preço de oferta. A rejeição pela ofertada desta oferta, em seguida, desencadeia a obrigação reciproca de que o ofertante venda a sua participação no negócio para o ofertado e o ofertado compre a participação do ofertante, ao mesmo preço de oferta. Assim, em vez de a oferta inicial ser para a venda, ela será para a compra. Se essa variação da cláusula de shotgun afeta as principais conclusões do trabalho será deixado para futuras pesquisas para resolver.
SCHNABEL, Jacques A. **The shotgun clause**. School of Business and Economics, Wilfrid Laurier University, Waterloo, Canada Disponível em https://legacy.wlu.ca/documents/18505/The_Shotgun_Clause.pdf acessado dia 09 de março de 2017.

shotgun clause. This clause empowers one party to purchase all the assets of the business. As explained in Investopedia (n.d.) as well as on the business advisory web site of the Family Business Institute, Inc. (n.d.), one party, called the offeror, employs this provision to offer his/her share in the business for sale to the second party, called the offeree, at a specified price. Should the offeree reject the offer, the offeree is then obliged to sell and the offeror is likewise required to buy the offeree's interest in the business at the same offer price. Absent the shotgun clause, the offer price plays a single role; namely the offeror's selling price. Whereas, in the presence of the shotgun clause, the offer price plays a dual role, to wit, initially the offeror's selling price but subsequently, should the offer be rejected, the offeror's buying price. Thus, when the offeror initiates this protocol at a certain offer price, a two-sided obligation is created, i.e., the offeror is obliged to sell or buy, depending upon the offeree's acceptance or rejection of the offer, respectively. Similarly, in the absence of the shotgun clause, the offeree is free to accept or reject the offer with no further legal consequences. However, in the presence of the shotgun clause, the offeree's rejection of the offer creates an obligation on his part to sell to the offeror at the same offer price. There is a variant of the shotgun clause, which is discussed in both the business advisory web site of the accounting and consulting firm KPMG (KPMG (Business Advisory Services), n.d.) and The Canadian Business Financing Handbook (1993) published by the Canadian Institute of Chartered Accountants but not broached in this paper. This variation of the clause stipulates that the offeror's initial offer is to buy out the offeree's interest in business at the offer price. The offeree's rejection of this offer then triggers the reciprocal requirement that the offeror sell his interest in the business to the offeree and that the offeree buy out the offeror's interest at the same offer price. Thus, instead of the initial offer being defined as one to sell, it is defined as one to buy. Whether this alternative articulation of the shotgun clause affects the major conclusions of this paper is left for future research to address.

Face um impasse uma das partes notifica a outra para comprar ou vender sua participação, conforme estipular a cláusula, e a outra parte, por sua vez, escolhe se compra ou se vende pelo preço estipulado.

No silêncio, o ofertante decide se compra ou vende. Trata-se de uma forma de precificação que tende a gerar um preço justo. A parte que iniciar o processo não arbitrará um preço que seja tão alto que não vá querer comprar nem tão baixo que não vá querer vender.

O maior problema dessa cláusula é decidir quem tem o direito de notificar. Por vezes, ambas as partes têm o direito e a primeira que notificar inicia o processo; por vezes, é sorteado quem deve notificar; por vezes, cabe a parte que deu origem ao conflito notificar.

Além disso, conforme se verificou anteriormente, a divergência de poder econômico pode gerar distorções no preço. Sugere-se que quando redigir essa cláusula em prol do sócio com menos poder econômico tenha cuidado em aumentar o máximo possível o prazo para resposta à notificação. Dessa forma, caso a proposta apresentada seja em um valor muito baixo haverá tempo hábil para buscar um financiamento e comprar a outra parte que quis abusar da situação econômica.

3.5.2. Envelopes Lacrados (Mexican Shoot-Out, Fairest Sealed Bid e Dutch Auction)

Nesse tipo, as partes trocam simultaneamente propostas com valores para aquisição. A parte com a maior proposta é obrigada a comprar a outra. Enquanto na *Mexican Shoot-Out* a parte vencedora é obrigada a comprar a parte vencedora pelo valor da maior proposta, na *Dutch Auction* a parte vencedora é obrigada a comprar a outra parte pelo valor da proposta da parte perdedora, ou seja, a menor proposta, na variação *Fairest Sealed Bid*, um avaliador determinará qual dos envelopes tem o preço mais próximo de um valor justo pela participação da empresa.

Há, ainda, variações dessa mecânica que estabelecem uma média pré acordada entre os valores dos envelopes como o preço de exercício. A mecânica de quais envelopes serão considerados para a precificação da aquisição pode variar, mas o incentivo para não colocar um preço demasiadamente alto ou baixo permanece o mesmo.

Outra característica comum a essas variações de *Deadlock Provision* envolvendo envelopes lacrados é que a parte que colocar o maior preço é a que permanecerá na empresa. O racional para essa decisão parece se basear na premissa de que quem demonstra maior apreciação pela empresa ao avaliá-la em um patamar superior, provavelmente será quem se dedicará mais para seu sucesso.

> Texas shoot-out (also called fairest sealed bid) ¬ A Texas shoot-out involves each party sending a sealed all-cash bid to an umpire stating the price at which they are willing to buy out the other party. ¬ The sealed bids are ope-

ned together, and the highest sealed bid "wins", and that bidder must then buy (and the "loser" must sell) all the shareholding of the loser.

Dutch auction ¬ A variation of the Texas shoot-out, the parties send in sealed bids indicating the minimum price at which they would be prepared to sell their entire shareholding. ¬ Whichever sealed bid is the higher "wins" and that bidder then buys the "loser's" share at the price indicated in the loser's sealed bid.[61]

A variação citada acima é relativamente semelhante à cláusula *shotgun*, mas oferece uma solução ao problema de quem notifica. Contudo ao utilizar essa variação perde-se parte da simplicidade e da celeridade da cláusula shotgun padrão.

3.5.3. Ofertas Sucessivas (Shoot-Out Auction e Sale Shoot-Out)

Nesse tipo de cláusula de compra e venda forçada uma das partes oferece um preço pela participação da outra. A outra parte então é obrigada a vender ou oferecer um preço maior pela participação do ofertante original, que poderá aceitar ou ofertar um valor superior pela participação da outra parte, assim sucessivamente, até que uma das partes aceite o valor e resolva sair.

In Texas shoot-outs, Party A offers to buy all shares held by Party B for a specific price. Party B can accept this offer, or make an alternative offer to buy Party A's interest for a higher price. The same right is then extended to Party A. This process of offer and counteroffer can continue through many 'rounds', with each bid required to exceed the previous highest bid by a specified percentage.

---

[61] Tradução livre: Texas shoot-out (também chamado de Fairest sealed bid) A Texas shoot-out envolve cada parte enviando uma proposta lacrada em dinheiro a um árbitro determinando o preço pelo qual estão dispostos a comprar a outra parte. Os envelopes lacrados são abertos juntos, e o maior lance selado "ganha" e, em seguida, o ofertante desse lance deve comprar toda a participação do "perdedor" que fica obrigado a vender sua participação.
Dutch Auction Uma variação do Texas shoot-out, as partes enviam propostas lacradas indicando o preço mínimo pelo qual estariam dispostos a vender a totalidade da sua participação. O maior lance "ganha" e, em seguida, o ofertante deste lance compra a participação do "perdedor" pelo preço indicado no envelope do "perdedor".
Cross Border Agreements – Drafting Considerations. Disponível em http://www.assocham.org/upload/event/recent/event_1287/Shri_Satwinder_Singh.pdf acessado dia 09 de março de 2017.

(...)
The sale shoot-out functions in a similar way to the Texas shoot-out, but in reverse. Party A makes an offer to sell all shares to Party B. Should Party B not accept this offer to buy, Party B is then obliged to sell its shares to Party A for a lower price than that stated in the initial offer.[62]

Sugere-se, em benefício do tempo, que o valor das contraofertas seja sempre superior à oferta anterior por uma determinada percentagem (5% por exemplo) ou por um determinado valor, de forma a evitar que um sócio aumente a proposta anterior por um centavo diversas vezes alongando o procedimento indeterminadamente.

Uma variação dessa cláusula, por vezes chamada de *Sale Shoot-Out* consiste em um sócio notificar outro com o valor pelo qual venderia sua participação. O sócio ofertado por sua vez teria a opção ou de comprar a participação pelo preço estipulado ou vender a própria participação por um preço inferior, oferta essa que pode ser aceita ou substituída por outra de menor preço, e assim sucessivamente, até que um dos sócios resolva sair.

3.5.4. Outras Cláusulas

Vale ressaltar que os mecanismos citados acima são meramente exemplificativos. Nada impede que a sociedade crie seu próprio mecanismo, realize adaptações em quaisquer dos mecanismos acima ou crie mecanismos mistos com características que lhes sejam mais benéficas.

---

[62] Tradução livre: Em uma cláusula Texas shoot-out, o Sócio A se oferece para comprar todas as ações detidas pelo sócio B por um preço específico. O Sócio B pode aceitar esta oferta, ou fazer uma oferta alternativa para comprar a participação do Sócio A por um preço mais elevado. O mesmo direito é estendido ao Sócio A. Este processo de oferta e contraoferta pode continuar por muitas 'rodadas', com cada lance precisando superar a maior oferta anterior por um percentual estabelecido previamente.
(...)
O *Sale shoot-out* funciona de forma semelhante ao *Texas shoot-out*, mas em sentido inverso. O Sócio A faz uma oferta para vender todas as ações ao Sócio B. Caso o Sócio B não aceite a proposta para comprar, será então obrigado a realizar uma oferta para vender sua participação ao Sócio A por um valor menor do que o constante na proposta inicial.
FLEISCHER, Holger e SCHNEIDER Stephan. **Shoot-Out Clausis in Partnerships and Close Corporations – An Aproach from Comparative Law and Economic Theory**. Max Planck Private Law Research Paper No. 11/13 Disponível em https://www.peacepalacelibrary.nl/ebooks/files/339410493.pdf acessado dia 09 de março de 2017.

Abaixo, um exemplo de cláusula que não se encaixa nos exemplos dados acima, mas que, ainda assim, pode ser considerada uma cláusula de compra e venda forçada recíproca.

d) Deterrent Approach The deterrent approach, not yet well known in Germany, involves setting a procedure in the articles of association that will determine a fair value per share, after notice has been served initiating a shoot out. Based on this price, Party B can then either purchase A's shares at a pre-agreed discount (e.g. 20%) or sell the shares for the same pre-agreed premium. This approach serves to encourage parties to seek mutually acceptable solutions, and deter them from instigating the procedure too lightly.[63]

O mais importante para redigir uma cláusula que fuja dos padrões acima é entender a dinâmica envolvida nessas cláusulas, o interesse que se busca alcançar com a cláusula nova e os potenciais problemas que as alterações na cláusula podem causar.

3.6. Onde incluir as Cláusulas?

As cláusulas de compra e venda forçada podem ser incluídas em diversos documentos distintos: (i) podem constar dos principais documentos societários (contrato social ou estatuto social conforme o caso); (ii) podem constar em acordos parassociais que regulam a relação entre os sócios (i.e. acordo de quotista, acordo de acionistas e acordos de joint venture); (iii) podem constar de documento próprio feito exclusivamente para esse fim; (iv) podem constar do documento que iniciou a participação societária entre as partes (e.g. acordo de compra e venda de participações, etc.); (v) podem constar de outros documentos parassociais; ou (vi) podem constar em qualquer combinação dos documentos listados acima.

---

[63] Tradução livre: d) Deterrent Aproach. A abordagem de dissuasão, ainda não é bem conhecido na Alemanha, envolve a definição de um procedimento no estatuto social que irá determinar um valor por ação justo, após a notificação iniciando o *shoot-out*. Baseado no preço da oferta o Sócio B pode comprar as ações de A com um desconto (e.g. 20%) ou vender suas ações com um prêmio do mesmo percentual. Esta abordagem serve para incentivar as partes a procurar soluções mutuamente aceitáveis, e impedi-los de usar o procedimento levianamente. FLEISCHER, Holger e SCHNEIDER Stephan. **Shoot-Out Clausis in Partnerships and Close Corporations – An Aproach from Comparative Law and Economic Theory.** Max Planck Private Law Research Paper No. 11/13 Disponível em https://www.peacepalacelibrary.nl/ebooks/files/339410493.pdf acessado dia 09 de março de 2017.

Embora as cláusulas de compra e venda forçada sejam plenamente aplicáveis quando inseridas em quaisquer dos documentos mencionados acima, o local mais apropriado para sua inclusão parece ser no acordo de quotistas, acordo de joint venture ou acordo de acionistas conforme o caso. Esses documentos tratam da relação dos sócios entre si e, portanto, são o local mais apropriado para inclusão das cláusulas de compra e venda forçada.

4
Compra e Venda Forçada e Teoria dos Jogos

A Teoria dos Jogos é uma forma de estudar a interação social de pessoas em determinados tipos de situação, conhecidos como jogos estratégicos. Um jogo estratégico é uma interação entre duas ou mais pessoas racionais, em que a escolha de uma pessoa influencia a escolha dos outros.

É a análise quantitativa de qualquer situação que envolva pelo menos duas partes em conflito com o objetivo de indicar as estratégias ótimas para cada uma delas e alcançar os melhores resultados possíveis.

Nesse sentido é possível afirmar que, em situações nas quais dois ou mais agentes interagem em um ambiente de interdependência estratégica no intuito de alcançar determinados objetivos, tanto a caracterização de um jogo de estratégia quanto a aplicabilidade da teoria dos jogos se fazem presentes.[64]

Possivelmente, a maior limitação da teoria dos jogos é justamente supor como premissa que os jogadores são racionais e que seu único interesse é maximizar seus ganhos e minimizar suas perdas. Experimentos empíricos mostram que isso nem sempre é verdade.

Imagine um jogo em que dois jogadores são encorajados a dividir doze reais. Qualquer divisão acordada entre os jogadores será válida. Contudo, caso os jogadores não cheguem a um acordo, o primeiro jogador ficará com dez Reais e o segundo sem nada. Segundo a teoria dos jogos, o resultado mais provável é que ambos os jogadores dividam suas recompensas

---

[64] TAVARES, Jean Max. **Teoria dos Jogos: aplicada à estratégia empresarial**. Editora LTC. Rio de Janeiro, 2012. p. 10

de forma que o primeiro jogador fique com onze Reais (mais do que ele teria se não houvesse acordo) e o jogador ficasse com um Real (também mais do que ele teria se não houvesse acordo).

Contudo, quando o exercício é trazido para a vida real, observa-se que em um número considerável de vezes o primeiro jogador (seja por um senso de equidade ou por medo de ser julgado como avarento pelo pesquisador) acaba escolhendo ficar com menos do que ficaria se não houvesse acordo.

Experiments with Dictator Games and Other Games

Even though game theory urges the dictator to offer nothing to the recipient, the studies by Forsythe, Horowits, Savin, and Sefton (1994), Hoffman, McCabe, Schahat, and Smith (1994), and also Bolton, Katock and Zwick (1998) report on substantial giving. Some Dictators indeed leave nothing, but others give away as much as 50% of the pie. The modal amount given to the Recipients is sometimes as high as 30 percent. This clearly indicates that Dictator game giving cannot be expressed by a single percentage figure, but instead is widely dispersed. An often-discussed explanation for this phenomenon targets experimenter observation. This hypothesis presumes that some Dictators believe that the observing experimenter's assessment of them might be disadvantageous if they show the selfish greedy behavior that is predicted by game theory. To avoid such a reputation, Dictators are motivated to leave some of the cake to the Recipients.[65]

---

[65] Tradução livre: Experiências com Jogos Ditador e Outros Jogos.
Embora a teoria dos jogos incentive o ditador a não oferecer nada ao destinatário, os estudos de Forsythe, Horowitz, Savin e Sefton (1994), Hoffman, McCabe, Schahat e Smith (1994), e também Bolton, Katock e Zwick (1998) divulgam doações substanciais. Alguns Ditadores certamente não deixam nada, mas outros dão até 50% do bolo. O montante modal dado aos Destinatários é, por vezes, tão elevado como 30 por cento. Isto claramente indica que o Ditador não pode ser expresso por uma percentagem única, mas em vez disso está muito disperso. Uma explicação freqüentemente discutida para esse fenômeno é a observação do experimentador. Esta hipótese pressupõe que alguns Ditadores acreditam que a opinião do experimentador em relação a avaliação deles pode ser desvantajosa se eles mostrarem o comportamento egoísta e ganancioso que é previsto pela teoria dos jogos. Para evitar essa reputação, Ditadores são motivados a deixar um pouco do bolo para os Destinatários.
CRÜGER. Arwed. **Bargaining Theory and Fairness. A Theoretical and Experimental Approach Considering Freedom of choice and the Crowding-out of Intrinsic Motivation.** Berlin, Duncker & Hubolt, 2002. p. 31 e 32 disponível em https://books.google.com.br/books?id=QFpXMnWKWfMC&pg=PA32&lpg=PA32&dq=Hoffmann+Spitzer+%22Game+T

Apesar da ressalva acima de que nem sempre os jogadores agirão com racionalidade e maximizando o interesse próprio, ainda assim a teoria dos jogos é uma ferramenta útil e amplamente estudada com aplicações práticas já comprovadas.

Vale ressaltar, também, que na maioria dos casos reais (i.e. desconsiderando estudos nos quais os ganhos para os participantes são tão pequenos que não há razão para se preocupar em maximizar os resultados), é razoável supor que os participantes agirão em benefício próprio tentando maximizar os próprios lucros.

Estabelecido o funcionamento e a utilidade da teoria dos jogos, o próximo passo para entender e se aproveitar desta teoria é entender quais são as diferenças entre os tipos de jogos de forma a conseguir identificar qual jogo se está jogando.

4.1. Tipos de Jogos

Os jogos estratégicos podem ser separados em alguns subtipos que, por sua vez, podem se apresentar na sua forma pura ou de forma combinada. Um jogo pode ser simultâneo ou sequencial, realizado em uma única ou em múltiplas rodadas, cooperativo ou não cooperativo, de soma zero ou de barganha, de informação perfeita ou pode haver discrepância entre as informações das partes.

4.1.1. Em relação à ordem dos movimentos

Jogo Simultâneo. O jogo simultâneo ocorre quando cada jogador deve decidir antes de conhecer a decisão dos demais jogadores. Isso faz com que cada decisão leve em conta o raciocínio do outro jogador e o fato do outro jogador estar considerando o seu raciocínio em sua tomada de decisão, como bem explica Mario Engler Pinto Júnior.

> É chamado de simultâneo ou estático aquele em que cada jogador deve decidir sem conhecer ainda a decisão dos demais jogadores para a mesma etapa do jogo. Nesse caso, antes de tomar a decisão, cabe ao jogador ponderar sobre qual seria a opção mais racional dos outros jogadores em relação às

---

heory%22&source=bl&ots=0KdzqySdfs&sig=KR3zdqzKhC8vjdeVsqy_cE7CA-w&hl=pt-BR&sa=X&ved=0ahUKEwjwztu4rsrSAhVDQpAKHTJHAiEQ6AEIIjAA#v=onepage&q=Hoffmann%20Spitzer%20%22Game%20Theory%22&f=false acessado dia 09 de março de 2017.

mesmas alternativas, imaginando que os outros jogadores estarão fazendo o mesmo tipo de análise.[66]

Jogo Sequencial. Como contraponto ao jogo simultâneo, tem-se o jogo sequencial que geralmente ocorre em rodadas, mas também pode ocorrer em uma única rodada, como é o caso da cláusula *shotgun*, em que cada jogador só tem uma escolha a fazer, mas ainda assim existe uma sequência de jogadas.

Por outro lado, no jogo sequencial ou dinâmico, o participante faz a sua jogada já sabendo a última ação do outro ou dos demais oponentes. Portanto, a reação do jogador passa a considerar as opções que estão colocadas diante de si, após a decisão do adversário, assim como a sequência dos movimentos restantes, até o término do jogo.[67]

Nesse tipo de jogo, o conhecimento da escolha anterior do adversário interfere na escolha a ser feita em seguida.

4.1.2. Em relação à quantidade de rodadas

Um jogo pode ter qualquer número de rodadas. Pode ter uma única rodada sequencial, como no caso da cláusula *shotgun*, ou pode ter uma única rodada simultânea, como no caso das cláusulas de envelopes lacrados, pode ter um número definido de rodadas (jogo repetido finito) ou, ainda, pode ter potencialmente infinitas rodadas (jogo repetido infinito), como no caso da cláusula *Auction Shoot-Out*.

A quantidade maior de rodadas, principalmente quando os jogadores não sabem quando será a última rodada, costuma gerar um estímulo maior à cooperação. Jogadores tendem a não tomar medidas agressivas em relação uns aos outros quando sabem que o outro jogador poderá retaliar na rodada seguinte. Um número maior de rodadas também implica mais informações sendo trocadas pelos jogadores.

---

[66] PINTO JUNIOR, Mário Engler. A Teoria dos Jogos e o Processo de Recuperação de Empresas. In WALD, Arnoldo (coord.) **Revista de Direito Bancário e do Mercado de Capitais**. Ano 9. 31. Janeiro-março de 2006. Editora Revista dos Tribunais. São Paulo. p. 64

[67] PINTO JUNIOR, Mário Engler. A Teoria dos Jogos e o Processo de Recuperação de Empresas. In WALD, Arnoldo (coord.) **Revista de Direito Bancário e do Mercado de Capitais**. Ano 9. 31. Janeiro-março de 2006. Editora Revista dos Tribunais. São Paulo. p. 66

4.1.3. Em relação à possibilidade de adicionar valor

Jogo de Soma Zero. Um jogo de soma zero é um jogo no qual não há adição de valor. O exemplo mais clássico é o jogo de *poker*. Não se pode ganhar sem que alguém perca, e tudo que se ganha vem diretamente do outro jogador.

Outra distinção relevante refere-se ao chamado jogo de soma zero (zero sum game), em que os jogadores limitam-se a disputar entre si apenas a divisão do total das recompensas. Em outras palavras, um jogador só consegue aumentar a sua recompensa às custas da redução da recompensa dos demais jogadores, tornando o jogo essencialmente não cooperativo.[68]

Jogo de Barganha. Em contrapartida ao Jogo de Soma Zero, tem-se o jogo de barganha. No jogo de barganha as partes geram um valor que é repartido entre as partes de uma forma negociada, segundo as regras do jogo.

Naturalmente, nem todos os jogos possuem essa peculiaridade. Existem situações em que a cooperação entre os jogadores pode adicionar valor (surplus), vale dizer, produzir um resultado cujo somatório das recompensas será maior do que cada jogador poderia obter isoladamente em ambiente não cooperativo.

(...)

No jogo de barganha, assume especial relevo o conceito de preço de reserva. O preço de reserva consiste na diferença entre a proposta de cada jogador para a celebração do acordo e a recompensa que poderia obter no insucesso da solução negociada. Trata-se da melhor alternativa para a ausência do acordo (best alternative to a negotiated agreement), também conhecida pela sigla em inglês BATNA.[69]

As cláusulas de compra e venda forçada podem, em um primeiro momento, parecer jogos de soma zero pois o que um jogador ganha no jogo sai diretamente dos ganhos de outro jogador. Contudo, se for consi-

---

[68] PINTO JUNIOR, Mário Engler. A Teoria dos Jogos e o Processo de Recuperação de Empresas. In WALD, Arnoldo (coord.) **Revista de Direito Bancário e do Mercado de Capitais**. Ano 9. 31. Janeiro-março de 2006. Editora Revista dos Tribunais. São Paulo. p. 67

[69] PINTO JUNIOR, Mário Engler. A Teoria dos Jogos e o Processo de Recuperação de Empresas. In WALD, Arnoldo (coord.) **Revista de Direito Bancário e do Mercado de Capitais**. Ano 9. 31. Janeiro-março de 2006. Editora Revista dos Tribunais. São Paulo. p. 67

derada a possibilidade de não acionar a cláusula de compra e venda forçada como uma parte do jogo, percebe-se que o jogo tem características de jogo de barganha.

O valor de uma empresa com controle compartilhado não é o mesmo valor de uma empresa com um único sócio. Isso ocorre por uma série de razões. Podem existir ganhos econômicos devido à agilidade na tomada das decisões, ganhos indiretos, como convites para eventos e presentes de fornecedores e clientes, ou, ainda, o ganho social pelo *status* de único dono ou controlador da empresa.

Além disso, um conflito que é (ou deveria ser) condição para aplicação de uma cláusula de compra e venda forçada, acaba por reduzir ainda mais o valor de determinada empresa. Não bastasse essa redução de valor, deve-se levar em consideração que a cada momento em que a empresa permanecer em conflito ela continuará perdendo valor, sendo uma redução de valor contínua e não pontual.

Assim sendo, ambas as partes têm interesse na aplicação da cláusula, pois, em condições normais, quem paga pela participação do outro recebe uma participação que vale mais do que pagou, tendo em vista que recebe uma empresa sem conflito e que já foi previamente avaliada, em um momento em que valia menos. Da mesma forma, quem vende recebe mais do que sua participação valeria se a cláusula não fosse aplicada e a empresa continuasse em conflito.

Vale ressaltar que a não aplicação da cláusula ou de outro arranjo capaz de solucionar o conflito faz com que ambas as partes percam dinheiro a cada momento, assemelhando a solução rápida do conflito a um jogo de barganha, e não a um jogo de soma zero.

Ao entender que as cláusulas de compra e venda forçada não são um jogo de soma zero, percebe-se que existe um *range* relativamente grande de preços nos quais ambas as partes estarão em situação melhor com a aplicação da cláusula do que sem ela.

Além disso, se se analisar a cláusula de compra e venda forçada não como a primeira alternativa para a solução dos conflitos, mas como a segunda melhor alternativa, ou BATNA (*best alternative to a negotiated agreement*), ainda assim será possível identificar que ela adiciona valor aos sócios.

Quando as partes não possuem uma cláusula de compra e venda forçada, não lhes resta alternativa senão tentar resolver o negócio com uma simples oferta de compra ou de venda. Caso essas ofertas não funcionem, terão como alternativa às ofertas, a dissolução parcial ou total da sociedade, caso no qual, ao menos uma das partes receberá apenas o valor de liquidação da sociedade, menos os custos de liquidação.

Por outro lado, quando as partes têm uma cláusula de compra e venda forçada adequadamente redigida, passam a ter a aplicação dessa cláusula como BATNA, o que lhes assegura ao menos o valor de liquidação como avaliação de suas participações, economizando, portanto, os custos com a liquidação e economizando também tempo, lembrando que durante o tempo que economizaram a empresa continuaria consistentemente perdendo valor.

Como ambas as partes têm uma alternativa melhor do que teriam sem as cláusulas, a probabilidade de chegarem a um consenso aumenta e a probabilidade de uma das partes agir de má-fé diminui.

4.1.4. Em relação à dinâmica entre os jogadores

Dependendo do tipo de jogo, os jogadores podem ser incentivados a colaborar com os outros jogadores de forma a gerar valor adicional a ser dividido entre todos, ou podem ser incentivados a competir com os outros jogadores para alocar a maior parte de recursos possível para si.

No caso das cláusulas de compra e venda forçada, os sócios têm interesse em realizar a operação pelos ganhos que ela implica. Contudo, também têm interesse de alocar a maior parte dos ganhos para si, o que dentro da dinâmica do jogo reduz o ganho da outra parte. Portanto, identificam-se características de colaboração e de competição, sendo que a característica mais marcante aparenta ser a de competição.

4.1.5. Em relação à disponibilidade de informações

Um jogo será considerado como sendo de informação completa quando todos os jogadores dispuserem de todas as informações relevantes sobre as regras do jogo, os resultados possíveis e sobre os outros jogadores. Em contraponto, um jogo será considerado como sendo de informação incompleta quando ao menos um dos jogadores não souber ao menos uma das informações acima.

A aplicação de cláusulas de compra e venda forçada pode constituir tanto um jogo de informação completa quanto um jogo de informação incompleta, dependendo do grau de informação de cada jogador. Para os fins desta obra as cláusulas de compra e venda forçada serão analisadas como sendo jogos de informação completa.

4.2. Dilema dos Prisioneiros

O exemplo mais conhecido na teoria dos jogos é um jogo simultâneo não cooperativo conhecido como dilema dos prisioneiros. Esse dilema é abordado em diversos livros de teorias dos jogos com pequenas variações entre uma descrição e outra.

Imagine que duas pessoas que acabaram de cometer um crime são presas pela polícia e colocadas em salas separadas para questionamento. Ambas são pessoas racionais que não têm sentimentos em relação à outra pessoa. Ambas sabem que a pena para o crime que cometeram é de 10 anos. Elas também sabem que não há provas o suficiente para que sejam presas pelo crime que cometeram, mas que há provas para condená-las por um crime menor, de forma que se nenhum dos dois confessar o crime ambos saíram com 1 ano de cadeia.

O jogo se inicia quando um promotor aparece com uma proposta para ambos os prisioneiros. Eles podem confessar o crime e realizar uma delação premiada, ou podem permanecer em silêncio. Se apenas um deles fizer a delação premiada sairá livre e o outro será condenado a 10 anos de cadeia. Contudo, se ambos confessarem, ambos passarão 5 anos na cadeia. Se nenhum confessar ambos sairão com 1 ano de cadeia.

Desse exemplo extraímos a seguinte matriz de recompensas.

	Pena se A Delatar	Pena se A não Delatar
Pena se B Delatar	(A5,B5)	(A10,B0)
Pena se B não delatar	(A0,B10)	(A1,B1)

Se cada jogador considerar apenas a sua posição ao decidir o que fazer considerando que a escolha do outro jogador não é sabida ou é aleatória, eles irão sempre delatar. Nesse contexto, passar 5 anos na cadeia é melhor do que 10 anos, e sair livre é melhor do que passar 1 ano na cadeia. Assim sendo, independentemente da decisão da outra parte, a melhor decisão pessoal parece ser delatar.

Contudo, caso ambos pensem dessa forma, ambos passarão 5 anos na cadeia. Contudo, se em vez de analisarem qual a melhor situação para si, analisassem qual a melhor situação para o grupo, com a segurança de que o outro seria racional o suficiente para fazer o mesmo, ambos sairiam com apenas 1 ano, o que seria melhor para ambos.

Esse exemplo serve para demonstrar que nem sempre a decisão intuitiva é a decisão que traz os melhores resultados, e que os jogos realizados em uma única rodada aumentam as chances de comportamento não colaborativo. Logicamente, se houvesse várias rodadas haveria um incentivo maior de não prejudicar a outra parte por medo da outra parte também lhe prejudicar na rodada subsequente.

Outra questão que esse dilema aborda é a racionalidade dos jogadores. Na prática, sabe-se que existem outros critérios a serem levados em consideração além de obter o máximo de vantagem para si, tais como o fato de que as decisões de uma parte dentro do jogo afetam sua relação fora do jogo, cada parte possui um senso de justiça, ou, até mesmo, sentimentos em relação ao outro jogador. Tudo isso afeta o processo decisório pelas partes.

4.3. Análise em Teoria dos Jogos

Para analisar qualquer interação humana como sendo um jogo é preciso primeiro delimitar e determinar quais as regras da interação. Uma vez analisadas qual o conjunto de ações possíveis que cada jogador dispõe, é necessário analisar quais os resultados possíveis (*payoffs*) que advêm de cada escolha. Por fim é necessário analisar como a escolha de cada jogador afeta a escolha de cada outro jogador.

4.3.1. Regras

Para analisar qualquer jogo primeiro se faz necessário analisar quais são as regras do jogo. As regras podem ser descritas como as possibilidades de ações que cada jogador tem.

As regras de um jogo demarcam as ações que podem ser empreendidas pelos jogadores. O conjunto de regras de um jogo é caracterizado pela especificação de cada uma das seguintes informações:
• A relação dos jogadores (competidores)
• A hipótese de que cada jogador procura maximizar seus interesses de maneira racional.
• Todas as ações possíveis de cada jogador
• Os ganhos de cada jogador para todas estratégias que podem ser implementadas[70]

---

[70] TAVARES, Jean Max. **Teoria dos Jogos: aplicada à estratégia empresarial**. Editora LTC. Rio de Janeiro, 2012. p. 14

No dilema dos prisioneiros, abordado como exemplo acima as regras eram: (i) os dois prisioneiros estão em salas separadas não podendo se comunicar; (ii) cada um deve fazer uma escolha binária, confessar ou não; (iii) a escolha de um só é conhecida pelo outro após o desfecho do interrogatório; (iv) o tempo de prisão são de conhecimento de ambos e são afetados pelas escolhas dos prisioneiros.

4.3.2. Resultados (Payoffs)

Uma vez entendidas quais as regras, é possível entender como cada jogador pode se comportar no jogo e analisar quais são os resultados possíveis

> O conjunto de estratégias de cada jogador, colocado em prática durante o jogo, tem consequências para cada um deles. Ou seja, leva a determinados resultados, os quais podem ser expressos ou representados pelos ganhos (payoffs). [71]

Depois de analisados as regras dos jogos e os resultados possíveis é possível montar uma matriz de resultados para analisar quais as ações possíveis de cada jogador e quais as ações racionais.

4.4. Ofertas Firmes

Os jogos envolvendo ofertas firmes são um jogo sequencial jogado em uma única rodada. Os dois jogadores partem do mesmo ponto, decidem se vão ou não acionar a cláusula. O jogador que acionar a cláusula coloca um preço na empresa passando a vez para o outro jogador que então decidirá se compra ou se vende pelo preço estabelecido.

Existem diversas variações de ofertas firmes de forma que é necessário restringir o exemplo para conseguir analisa-lo pela Teoria dos Jogos. Para facilitar a análise, imagine a seguinte situação:

Dois sócios detêm participações paritárias, em uma sociedade limitada que industrializa tabuleiros de xadrez. Os sócios começaram a empresa a vários anos e com o passar do tempo começaram a discordar sobre a forma que a empresa deveria ser administrada até o ponto que resolveram se separar. Ambos concordaram com a aplicação de uma cláusula clássica de shotgun para determinar quem deve sair e quem deve ficar e por qual preço.

---

[71] TAVARES, Jean Max. **Teoria dos Jogos: aplicada à estratégia empresarial**. Editora LTC. Rio de Janeiro, 2012. p. 15

Para facilitar o exemplo, imagine que ambos os sócios têm o mesmo grau de informação sobre o negócio e que ambos são igualmente competentes para geri-lo. Imagine também que o valor de liquidação da empresa (venda de ativos) é de vinte mil Reais e que o valor da empresa em operação é de cem mil Reais. Imagine também que ambos os sócios têm conhecimento destes valores.

Neste cenário, imagine ainda que o Sócio A fez uma proposta para comprar a participação do Sócio B por quarenta mil Reais. O Sócio B então teria duas opções: (i) comprar a participação do Sócio A por quarenta mil Reais ou (ii) vender sua participação para o Sócio A.

Considerando que a empresa não operando por conta do conflito societário citada no nosso exemplo vale vinte mil Reais (preço de venda dos ativos em liquidação forçada), se o Sócio B resolver comprar a participação do Sócio A por quarenta mil Reais o Sócio B terá ganho cinquenta mil Reais, pois fez um investimento de quarenta mil Reais em seu ativo (participação na empresa) que anteriormente valia dez mil Reais (metade do valor total do negócio avaliado em vinte mil Reais) e terminou com um ativo novo (empresa operante) no valor de cem mil Reais. Por outro lado, o Sócio A que fez a proposta tinha um ativo de dez mil Reais que conseguir vender por quarenta mil Reais, trinta mil Reais de lucro por tanto.

Vale notar que como o Sócio B nesse cenário é o Sócio Ofertado ele sempre terá um lucro igual ou maior que o do Sócio A, que é o Sócio Ofertante, pois B decide se aceita a proposta de A ou não e, portanto, decide qual pedaço do bolo irá levar. Desde que B seja racional sempre escolherá o maior pedaço.

	B Compra	B Vende
Proposta A 10	0 A / 80 B	80 A / 0 B
Proposta A 30	20 A / 60 B	60 A / 20 B
Proposta A 50	40 A / 40 B	40 A / 40 B
Proposta A 70	60 A / 20 B	20 A / 60 B
Proposta A 90	80 A / 0 B	0 A / 80 B

As Ofertas firmes são um jogo de barganha, pois, ao acionar a cláusula, gera-se valor; contudo é um jogo competitivo, tendo em vista que o valor é gerado uma vez que a cláusula é acionada e, a partir deste momento, só resta aos jogadores competir pela maior fatia.

Nesse tipo de jogo o ofertante fica em desvantagem pois ele decide como o resultado será dividido deixando ao ofertado o direito de decidir com que parte da divisão ficará. Dessa forma, ele se vê obrigado a limitar seus ganhos de forma a não acabar em uma posição indesejada ou, caso seja indiferente quanto à posição deverá dividir os ganhos igualmente de forma a não ficar com a menor fatia. Essa característica negativa das ofertas firmes pode ser amenizada ou acentuada ao redigir as cláusulas específicas.

Um ponto negativo das ofertas firmes é que como o sócio ofertante fica sempre em desvantagem, por vezes ambos os sócios podem se sentir incentivados a ficar esperando um ao outro de forma que a cláusula não seja aplicada e a sociedade perca seu valor por conta da mora dos sócios em resolver o impasse societário.

Contudo, as ofertas firmes merecem mérito pela sua principal característica, que é sua simplicidade. Como possuem menos passos até a determinação final sobre quem fica, quem sai e por qual valor, são as cláusulas cuja aplicação é mais fácil e rápida. É possível que um jogador se utilize dessa cláusula mesmo que o outro tente não participar da mecânica, o que a torna especialmente efetiva.

4.5. Envelopes Lacrados

O método de envelopes lacrados é um jogo simultâneo jogado em uma única rodada, que também constitui uma oferta firme. Contudo, diferencia-se da cláusula acima citada por exigir que ambos os jogadores façam sua jogada simultaneamente, sem que haja, portanto, desvantagem para qualquer dos jogadores, que revelam suas informações no mesmo momento.

O jogo de envelopes lacrados pode ser descrito como um jogo estático de informação incompleta.

> *Jogos estáticos de informação completa* são aqueles em que, no momento de fazer sua escolha, o jogador não sabe com exatidão quais são as escolhas feitas por seus oponentes, mas sabe quais são os ganhos possíveis decorrentes dessas escolhas.

Se, além de não conhecer as escolhas dos oponentes, o jogador desconhece também os *payoffs* (funções de ganho) deles, isto caracteriza o jogo como de *informação incompleta*.[72]

Imagine o exemplo abordado no capítulo anterior no qual dois sócios em situação paritária em uma empresa que tem como valor de liquidação forçada vinte mil Reais e como valor operando regularmente cem mil Reais. Imagine também que nesta empresa ambos os sócios escolheram uma modalidade de cláusula de envelopes lacrados, pela qual o sócio com a maior oferta tem o direito de comprar a participação do sócio com a menor oferta pela média aritmética das duas ofertas. Nesse caso os resultados possíveis são os seguintes.

Ignorou-se a possibilidade dos valores de ambas as propostas serem exatamente iguais, pois essa cláusula não foi projetada para este cenário, que não parece ser muito provável no mundo real, tendo em vista que existem inúmeras opções de valores para ambas as partes.

	Proposta B 10	Proposta B 30	Proposta B 50	Proposta B 70	Proposta B 90
Proposta A 10	X	10 A / 70 B	20 A / 60 B	30 A / 50 B	40 A / 40 B
Proposta A 30	70 A / 10 B	X	30 A / 50 B	40 A / 40 B	50 A / 30 B
Proposta A 50	60 A / 20 B	50 A / 30 B	X	50 A / 30 B	60 A / 20 B
Proposta A 70	50 A / 30 B	40 A / 40 B	30 A / 50 B	X	70 A / 10 B
Proposta A 90	40 A / 40 B	30 A / 50 B	20 A / 60 B	10 A / 70 B	X

Como se pode verificar da leitura do quadro de recompensas acima, tanto indicar um valor muito alto quanto indicar um valor muito baixo reduz as chances de terminar com uma fatia maior do bolo. Dessa forma,

---

[72] TAVARES, Jean Max. **Teoria dos Jogos: aplicada à estratégia empresarial**. Editora LTC. Rio de Janeiro, 2012. p. 27

ambos os sócios têm interesse em indicar em suas propostas um valor próximo do centro do gráfico de recompensas (proposta de 50), torcendo para que o outro sócio indique um valor distante do centro (proposta de 10 ou de 90).

Embora essa cláusula resolva um dos principais problemas da cláusula de ofertas firmes simples (decidir quem inicia a oferta), ela traz o problema da necessidade da participação ativa de ambos os jogadores, o que nem sempre será possível em estado do conflito. Ainda, por envolver a abertura e conferência de envelopes, é recomendável a participação de um terceiro de confiança das partes. Essas características podem tornar todo o processo mais complexo, caro e de difícil aplicação.

4.6. Ofertas Sucessivas

O método de ofertas sucessivas é um jogo sequencial de várias rodadas, no qual os jogadores não sabem o número total de rodadas (jogo repetido infinito) e, assim como os outros dois jogos anteriormente mencionados, também é um jogo de barganha que tem características competitivas e cooperativas. Dentre todos os jogos analisados, é provavelmente o mais cooperativo. Nele não há tanta preocupação estratégica, pois, o Sócio Ofertante pode simplesmente oferecer um valor extremamente baixo pela participação que deseja comprar e subir o valor aos poucos até chegar no valor mínimo que o Sócio Ofertado aceitaria vender.

Quando o jogo envolver a compra, as partes que quiserem comprar podem colocar um preço baixo e ir subindo-o aos poucos, sem ter que alocar a maior parte da vantagem para a outra parte de forma a garantir a aquisição. De forma semelhante, quando o jogo envolver a venda da própria participação, a parte que desejar vender pode começar com um valor alto e diminuir o valor aos poucos.

	Compra		Venda
Proposta A 10	A 80 / B 0	Proposta A 90	A 80 / B 0
Proposta B 15	A 75 / B 5	Proposta B 85	A 75 / B 5
Proposta A 20	A 70 / B 10	Proposta A 80	A 70 / B 10
Proposta B 25	A 65 / B 15	Proposta B 75	A 65 / B 15

Proposta A 30	A 60 / B 20
Proposta B 35	A 55 / B 25
Proposta A 40	A 50 / B 30
Proposta B 45	A 45 / B 35
Proposta A 50	A 40 / B 40

Proposta A 70	A 60 / B 20
Proposta B 65	A 55 / B 25
Proposta A 60	A 50 / B 30
Proposta B 55	A 45 / B 35
Proposta A 50	A 40 / B 40

Como se pode ver da matriz de resultado acima tanto a proposta de compra ou a de venda começará em um valor extremo e se aproximará do centro até encontrar um valor que seja mutualmente benéfico.

Vale reforçar que na prática a participação societária dificilmente representará o mesmo valor para ambos os sócios como nos exemplos citados acima. Cada sócio atribui um valor diferente para sua participação, tanto por características racionais lógicas e financeiras, (e.g. (i) taxas internas de retorno ideais distintas; (ii) níveis diferentes de aversão a risco; e (iii) aptidão maior ou menor para gerir o negócio sem o outro sócio), quanto por questões sociais e emocionais, (e.g. status de dono de negócio, brindes, convites para eventos, legado, etc.)

Dentre todas as cláusulas analisadas, nesta existe uma probabilidade maior dos dois sócios encontrarem a interseção entre as faixas de preço que julgam aceitável, chegando a um valor satisfatório e justo tanto para a parte compradora quanto para a vendedora. Um aspecto negativo é a necessidade de participação ativa de todos os envolvidos. Esse problema se agrava pelo fato da cláusula ter uma mecânica mais demorada e, portanto, permitir mais momentos em que a negociação pode vir a dar errado.

CONCLUSÃO

No começo desta obra, buscou-se demonstrar como as cláusulas de compra e venda forçada são úteis e deveriam ser mais utilizadas. Durante o decorrer da obra, chegou-se à conclusão de que, mesmo nos países nos quais essas cláusulas são comumente inseridas nos documentos societários, sua aplicação é rara. Sócios de sociedades que têm essa cláusula preferem, em muitos casos, negociar ofertas simples de aquisição ou de venda em vez de acionar a cláusula.

Descobriu-se que o medo de aplicar uma solução incerta (no sentido de que não se sabe o desfecho) incentiva as partes a negociarem de boa-fé pelos métodos tradicionais, prevenindo os conflitos que podem ser evitados e resolvendo os que não podem por meio de simples ofertas não vinculantes de compra ou de venda.

A cláusula de compra e venda forçada funciona como um mecanismo que incentiva as partes a negociarem de boa-fé e evitarem conflitos societários. Uma vez surgidos os conflitos societários as cláusulas de compra e venda incentivam os sócios a desfazer sua parceria de forma mutuamente benéfica sem a necessidade de envolver o judiciário, a arbitragem ou quaisquer terceiros.

Ademais, quando as negociações amigáveis falham, a cláusula de compra e venda forçada possibilita uma solução rápida e judicialmente exequível para qualquer conflito.

Seria extremamente benéfico se o judiciário pudesse aplicar cláusulas de compra e venda forçada como solução padrão para conflitos societários, independentemente de sua previsão contratual.

Pode-se afirmar que toda a sociedade não controlada por uma única pessoa ou que possa vir a não ser controlada por uma única pessoa em um futuro previsível deveria ser constituída com mecanismos para prevenir e, se for o caso, remediar, eventuais conflitos societários que possam vir a surgir, permitindo que a sociedade tenha maiores chances de sobreviver aos eventuais impasses decorrentes da ausência de controle.

Vale notar, contudo, que a inclusão dessas cláusulas deve ser feita em adição, e não em substituição as cláusulas de solução de conflito tradicionais e não deve impedir as partes de, caso queiram, solucionar o conflito de outras maneiras.

Quando da redação das cláusulas de compra e venda forçada, deve-se levar em conta fatores como custo, capacidade financeira dos sócios, necessidade ou não de *non-compete*, custo do tempo, custo de oportunidade, entre outros fatores, ainda que esses fatores possam vir a se modificar no decorrer do tempo.

Tomando-se esses cuidados básicos na hora de redigir os documentos societários e contratos parassociais pertinentes, melhoram-se as chances de continuidade da sociedade, o que é benéfico para todas as partes envolvidas.

ANEXO I
Quóruns de Deliberação

Sociedades Limitadas	50% +1 dos presentes	50% +1 do Capital	2/3 do Capital	75% do Capital	Unanimidade
A aprovação das contas do Administrador (Art.1.071, I CC)	Art. 1.076, III CC				
A nomeação e destituição dos liquidantes e o julgamento das suas contas. (Art. 1.071, VII CC)	Art. 1.076, III CC				
Outras matérias que não exijam quórum qualificado	Art. 1.076, III CC				
A designação dos administradores quando feito em ato separado. (Art. 1.071, II CC)		Art. 1.076, II CC			
A destituição dos administradores. (Art. 1.071, III CC)		Art. 1.076, II CC			
O modo de sua remuneração, quando não estabelecido no contrato. (Art. 1.071 IV CC)		Art. 1.076, II CC			
O pedido de concordata (Art. 1.071, VIII CC)		Art. 1.076, II CC			
Designação de administrador não sócio após a integralização do capital social. (Art. 1.063 §1º CC)			Art. 1.061 CC		
Destituição de administrador que seja sócio e que tenha sido nomeado no Contrato Social. (Art. 1.063 §1º CC)			Art. 1.063 §1º CC		
A modificação do Contrato Social (Art. 1.071, V CC)				Art. 1.076, I CC	

Sociedades Limitadas	50% +1 dos presentes	50% +1 do Capital	2/3 do Capital	75% do Capital	Unanimidade
A incorporação, a fusão e a dissolução da sociedade, ou a cessação do estado de liquidação (Art. 1.071, VI CC)				Art. 1.076, I CC	
Designação de administrador não sócio antes da integralização do capital social.					Art. 1.061 CC
Distribuição de dividendos desproporcionais quando não houver previsão expressa no contrato social.					Art. 1.074 §2º[73]

[73] Embora não haja previsão expressa de um quórum especial unanime para distribuição de dividendos desproporcionais, é razoável entender que mesmo um sócio controlador não poderia impor ao sócio minoritário contra a vontade deste um dividendo menor do que este teria direito sob pena de violar o artigo 1.074 §2º, que proíbe a qualquer sócio votar em matéria que lhe diga respeito diretamente.

	Maioria absoluta	Unanimidade dos presentes	50%+1 do capital votante	90% das ações	Unanimidade do capital social
Deliberações que não exigem um quórum qualificado	Art. 129 da LSA				
Deliberar a distribuição de dividendo inferior ao obrigatório		Art. 202 §3º LSA			
Transformação em outro tipo societário		Art. 221 LSA			
Assembleia-geral para sanar a falta ou irregularidade no Estatuto Social que causar o não arquivamento em Junta Comercial (Art. 97, §1º LSA)			Art. 97, §1º LSA		
Criação de ações preferenciais ou aumento de classe de ações preferenciais existentes, sem guardar proporção com as demais classes de ações preferenciais, salvo se já previstos ou autorizados pelo estatuto (Art. 136, I, LSA)			Art. 136, I, LSA		
Alteração nas preferências, vantagens e condições de resgate ou amortização de uma ou mais classes de ações preferenciais, ou criação de nova classe mais favorecida (Art. 136, II, LSA)			Art. 136, II, LSA		
Redução do dividendo obrigatório (Art. 136, III, LSA)			Art. 136, III, LSA		

DEADLOCK PROVISIONS

	Maioria absoluta	Unanimidade dos presentes	50%+1 do capital votante	90% das ações	Unanimidade do capital social
Fusão da companhia, ou sua incorporação em outra (Art. 136, IV, LSA)			Art. 136, IV, LSA		
Participação em grupo de sociedades (Art. 136, V LSA)			Art. 136, V, LSA		
Mudança do objeto da companhia (Art. 136, VI, LSA)			Art. 136, VI, LSA		
Cessação do estado de liquidação da companhia (Art. 136, VII, LSA)			Art. 136, VII, LSA		
Criação de partes beneficiárias (Art. 136, VIII, LSA)			Art. 136, VIII, LSA		
Cisão da companhia (Art. 136, IX, LSA)			Art. 136, IX, LSA		
Dissolução da companhia. (Art. 136, X, LSA)			Art. 136, X, LSA		
Incorporação de ações destinada à conversão em subsidiária integral;			Art. 252 §2º LSA		
Aprovar, depois de pagos ou garantidos os credores, condições especiais para a partilha do ativo remanescente, com a atribuição de bens aos sócios, pelo valor contábil ou outro por ela fixado				Art. 215 §1º LSA.	

ANEXOS

	Maioria absoluta	Unanimidade dos presentes	50%+1 do capital votante	90% das ações	Unanimidade do capital social
Cisão com atribuição de parcelas de patrimônio da companhia cindida, em proporção diferente da que os seus titulares					Art. 229 5º LSA
Deliberar sobre a participação nos lucros dos administradores de Companhias com menos de 20 acionistas e menos de um milhão de PL, em exercício no qual o dividendo mínimo não tenha sido distribuído.					Art. 294 §2º e Art. 152 §2º da LSA

ANEXO II
Exemplos de Cláusulas

Oferta Firme: Dois Sócios, Participações Paritárias ou Não.	Comentários
"**Cláusula X.** *Deadlock Provision*. Caso por duas reuniões seguidas[1] não seja possível atingir o quórum de deliberação para aprovação de quaisquer das matérias relevantes[2], qualquer dos sócios[3] poderá iniciar o procedimento descrito na Cláusula abaixo. **Cláusula X+1.** *Russian Roulette*. O Sócio que pretender realizar uma oferta para comprar[4] ("**Sócio Ofertante**") todas e não menos que todas as quotas da Sociedade, deverá notificar por escrito o outro sócio ("**Sócio Ofertado**") e a Sociedade, nos termos do Parágrafo 1º desta Cláusula (a "**Oferta Inicial**"). A Notificação deverá ser feita por escrito e deverá ser entregue sob protocolo ao Sócio Ofertado e conterá, necessariamente, o valor por [quota/ação][5], que em nenhuma hipótese poderá ser inferior ao valor do Patrimônio Líquido por [quota/ação][6]. **Parágrafo 1º.** O Sócio Ofertado terá o direito de comprar a participação do Sócio Ofertante pelo mesmo preço por [quota/ação] mediante depósito do valor na conta do Sócio Ofertante prevista nesse Contrato. Caso o Sócio Ofertado não deposite o valor no prazo de 15 (quinze) dias corridos[7], o Sócio Ofertante terá o direito de depositar os recursos na conta do Sócio Ofertado prevista neste Contrato e transferir as ações para si. **Parágrafo 2º.** Para dar efetividade à cláusula acima, ambas as partes outorgam, nesse ato procurações recíprocas, irrevogáveis e irretratáveis na forma do Anexo Y."	[1] Sugestão para considerar um conflito como intransponível. Pode ser alterada conforme as necessidades da Sociedade. Deve-se considerar, de um lado, a segurança de que a cláusula não será utilizada em qualquer situação e, de outro, a celeridade em sua aplicação. [2] A lista de matérias relevantes deverá ser feita *tailor made* para cada caso, conforme abordado na cláusula 5.1 da presente obra. [3] Caso se deseje mitigar a desvantagem do Sócio Ofertante, pode-se trocar "qualquer dos sócios" por "os sócios se reunirão na sede da companhia no próximo dia útil, momento no qual jogaram uma moeda não viciada em um jogo de cara ou coroa, o sócio que perder no arremesso de moeda deverá iniciar o processo descrito na Cláusula X+1 abaixo como Sócio Ofertante". [4] Como o silêncio da outra Parte é uma possibilidade no mundo real, sugere-se que a opção primária seja para comprar a outra parte e não para vender a própria participação. Isso porque é mais fácil depositar o dinheiro na conta da outra parte e transferir as quotas ou ações por meio de uma procuração do que transferir as quotas ou ações e posteriormente se desgastar para receber a quantia devida. Por esse motivo, nesse anexo apresenta-se apenas a modalidade de compra das cláusulas [5] Ao colocar a expressão valor por ação ou valor por quota ao invés de valor, faz-se com que a cláusula possa ser aplicável nos casos de participação não paritária entre dois sócios. [6] Precaução para evitar que a cláusula seja utilizada para meios diferentes do que se pretende e, também, para evitar que seja considerada inválida, conforme abordado na cláusula 5.3 desta obra. [7] O Prazo deve ser escolhido levando-se em conta as observações previstas na Cláusula 5.3

Oferta Firme: Pluralidade de Sócios, Participações Paritárias ou Não	Comentários
"**Cláusula X**. *Deadlock Provision*. Caso por duas reuniões seguidas[1], não seja possível atingir-se o quórum de deliberação para aprovação de quaisquer das matérias relevantes[2], qualquer dos sócios[8], poderá iniciar o procedimento descrito na Cláusula abaixo. **Cláusula X+1**. *Russian Roulette*. O Sócio que pretender realizar uma oferta para comprar[4] ("**Sócio Ofertante**") todas e não menos que todas as quotas da Sociedade, deverá notificar por escrito os demais sócios ("**Sócios Ofertados**") e a Sociedade, nos termos do Parágrafo 1º desta Cláusula (a "**Oferta Inicial**"). A notificação deverá ser entregue sob protocolo aos Sócios Ofertados, e conterá, necessariamente, o valor por [quota/ação][5], que em nenhuma hipótese poderá ser inferior ao valor do Patrimônio Líquido por [quota/ação][6]. **Parágrafo 1º**. Os Sócios Ofertados deverão informar, dentro de 15 dias corridos[9] se por esse preço desejam comprar do Sócio Ofertante a participação deste ou vender suas participações ao Sócio Ofertante, sendo que o silêncio será interpretado como a intenção de venda. **Parágrafo 2º**. (a) Caso nenhum dos Sócios Ofertados manifeste a intenção de comprar a participação das outras partes, fica o Sócio Ofertante obrigado a comprar a participação de todos os Sócios Ofertados. (b) Caso apenas um Sócio Ofertado resolva comprar a participação do Sócio Ofertante, fica ele também obrigado a comprar a participação dos demais Sócios Ofertados. (c) Caso dois ou mais Sócios Ofertados desejem comprar a participação do Sócio Ofertante, deverão eles comprar a participação do Sócio Ofertante e dos demais Sócios ofertados na proporção de suas respectivas participações.[10] **Parágrafo 3º**. Caso qualquer dos sócios que não tenham saído da sociedade por meio da aplicação da letra (c) do parágrafo desejem, poderão realizar nova Oferta Inicial aos sócios remanescentes.[11] **Parágrafo 4º**. O Sócio que tiver o poder-dever de comprar a participação de outro sócio por meio dessa cláusula deverá realizar depósito do valor correspondente nas contas aplicáveis previstas nesse Contrato, podendo em seguida transferir as [quotas/ações] para si. **Parágrafo 5º**. Para dar efetividade à cláusula acima, os sócios outorgam nesse ato procurações recíprocas, irrevogáveis e irretratáveis na forma do Anexo Y."	[1] Vide Comentário 1 acima [2] Vide Comentário 2 acima [4] Vide Comentário 4 acima [5] Vide Comentário 5 acima [6] Vide Comentário 6 acima [8] Quando existe uma pluralidade de sócios, métodos alternativos como sorteio se tornam mais complexos, ainda que possíveis. Sugere-se que, nesses casos, as cláusulas sejam a opção de iniciar a cláusula seja dada a qualquer dos sócios de forma a não aumentar a complexidade da aplicação. [9] A determinação de um prazo nessa cláusula para a transferência dos recursos pode gerar mais problemas do que soluções. Como muitas transferências podem ser necessárias, existe a chance de algumas darem certo e outras não. É preferível que haja um prazo estipulado para a resposta à notificação e que a transferência dos recursos seja condição para a transferência das participações societárias, mas sem um prazo definido. [10] A mecânica pode variar conforme as necessidades da empresa, mas é preciso pensar em todas as possibilidades de resposta de forma que não haja uma situação imprevista na aplicação da cláusula. [11] Cláusula opcional, destinada a prevenir uma situação hipotética pouco provável em que um sócio seja obrigado a permanecer na sociedade sem partilhar o poder de controle.

Envelopes Lacrados: *(fairest sealed bid)* Dois ou mais sócios, Participações paritárias ou não.	Comentários
"**Cláusula X.** <u>Deadlock Provision</u>. Caso por duas reuniões seguidas[1] não seja possível atingir o quórum de deliberação para aprovação de quaisquer das matérias relevantes[2], qualquer dos sócios[3] poderá iniciar o procedimento descrito na Cláusula abaixo. **Cláusula X+1.** <u>Sealed Bids</u>. Todos os Sócios deverão se reunir em 5 (cinco) dias, na sede da Sociedade com envelopes lacrados[12] contendo uma oferta com o valor por [quota/ação] que pagaria pelas participações dos demais sócios[5] e que, em nenhuma hipótese, poderá ser inferior ao valor do Patrimônio Líquido por [quota/ação][6]. Caso qualquer dos sócios deixe de participar considerar-se-á que enviou um envelope com o valor do patrimônio líquido por ação[12]. **Parágrafo 1º.** O Sócio que entregar o envelope com o maior valor deverá comprar a participação dos demais sócios pelo valor por ação constante em seus respectivos envelopes[13]. **Parágrafo 2º.** O Sócio que tiver o poder-dever de comprar a participação de outro sócio por meio dessa cláusula deverá realizar depósito do valor correspondente nas contas aplicáveis previstas nesse Contrato, podendo em seguida transferir as [quotas/ações] para si. **Parágrafo 3º.** Para dar efetividade à cláusula acima, todas as partes outorgam nesse ato procurações recíprocas, irrevogáveis e irretratáveis na forma do Anexo Y."	[1] Vide Comentário 1 acima [2] Vide Comentário 2 acima [3] Vide Comentário 3 acima [5] Vide Comentário 5 acima [6] Vide Comentário 6 acima [12] Essa cláusula resolve o problema de quem deve iniciar a oferta ao forçar que todos os envolvidos ajam ao mesmo tempo. Contudo, cria um novo problema ao exigir a participação simultânea de todos os envolvidos. Esse risco pode ser mitigado ao atribuir que a não participação será considerada como o envio de um envelope com o valor do patrimônio líquido por ação. [13] O valor para a aquisição da participação pode ser o valor que consta no envelope do adquirente, do adquirido ou mesmo uma média entre ambos. Todas as formas são válidas, sendo uma decisão negocial.

Ofertas Sucessivas (*Shoot-Out Auction* e *Sale Shoot-Out*)	Comentários
"**Cláusula X**. *Deadlock Provision*. Caso por duas reuniões seguidas[1] não seja possível atingir o quórum de deliberação para aprovação de quaisquer das matérias relevantes[2], qualquer dos sócios[14] poderá iniciar o procedimento descrito na Cláusula abaixo. **Cláusula X+1**. *Shoot-out Auction*. O Sócio que pretender realizar uma oferta para comprar ("**Sócio Ofertante**") todas e não menos que todas as quotas da Sociedade, deverá notificar por escrito o outro sócio[15] ("**Sócio Ofertado**") e a Sociedade, nos termos do Parágrafo 1º desta Cláusula (a "**Oferta Inicial**"). A notificação deverá ser entregue sob protocolo ao Sócio Ofertado e conterá, necessariamente, o valor por [quota/ação][5], que em nenhuma hipótese poderá ser inferior ao valor do Patrimônio Líquido por [quota/ação][6]. **Parágrafo 1º**. Caso o Sócio Ofertado não deseje vender sua participação pelo preço ofertado, poderá fazer uma contraoferta para comprar a participação do Sócio Ofertante, em valor ao menos 5% superior à Oferta Inicial[16] (**2ª Oferta**). Caso o Sócio Ofertante não deseje vender sua participação pelo valor constante da 2ª Oferta, poderá oferecer pela participação do Sócio Ofertado um valor ao menos 5% superior à oferta anterior (**3ª Oferta**) e assim sucessivamente, até que um dos sócios aceite uma oferta por sua participação. **Parágrafo 2º**. O Sócio que tiver o poder-dever de comprar a participação de outro sócio por meio dessa cláusula deverá realizar depósito do valor correspondente nas contas aplicáveis previstas nesse Contrato, podendo em seguida transferir as [quotas/ações] para si. **Parágrafo 3º**. Para dar efetividade à cláusula acima, ambas as partes outorgam nesse ato procurações recíprocas, irrevogáveis e irretratáveis na forma do Anexo Y."	[1] Vide Comentário 1 acima [2] Vide Comentário 2 acima [5] Vide Comentário 5 acima [6] Vide Comentário 6 acima [14] Nesse tipo de cláusula não é tão importante se preocupar com quem a iniciará, visto que a quantidade sucessiva de ofertas tende a retirar qualquer vantagem de parte que não iniciou o processo. [15] O início dessa cláusula acabará sendo igual ou ao início da cláusula de oferta firme ou ao da cláusula de envelopes lacrados, conforme queiram as partes. Sugere-se o início igual ao da cláusula de oferta firme por ser mais simples. [16] O diferencial dessa cláusula é que cada oferta pode ser combatida com uma contraoferta em valor superior até que um dos sócios aceite as condições. Sugere-se que os valores de cada oferta sejam superiores à oferta anterior em um determinado percentual para se evitar um número infinito de ofertas.

ANEXO III
Exemplo de Procuração

Procuração[1] **Outorgante:**[2] Nome e qualificação **Outorgado(s):**[3] Nome e qualificação **Poderes:** O Outorgante outorga ao(s) Outorgado(s) poderes suficientes para, transferir em causa própria[4] a sua participação na empresa XYZ, mediante a comprovação do pagamento acordado no Contrato XXX[4] **Substabelecimento:**[5] É expressamente vedado o substabelecimento. **Validade:** esta procuração é condição de um negócio bilateral[4] sendo irrevogável e irretratável, e terá a mesma validade que o Contrato XXX[6] ao qual é vinculada. Cidade[7], Data. _____ **Assinatura**[8]	[1] Existem basicamente duas formas de se escrever uma procuração. Alguns preferem fazer em texto corrido, enquanto outros preferem separar por itens. É preferível separar por itens para facilitar a leitura futura e a alteração das informações necessárias quando se utiliza um modelo. [2] Deve-se elaborar uma procuração para cada outorgante. [3] Deve-se colocar todos os demais sócios como outorgados. Seria possível, ainda, colocar a própria sociedade como Outorgada. [4] Muitas procurações constam como sendo irrevogáveis e irretratáveis, porém, conforme verificou-se nesta obra, existem dois tipos de procurações irrevogáveis. No primeiro tipo a revogação é possível, mas gera uma obrigação de reparar. No segundo caso a revogação é ineficaz. Busca-se o segundo efeito – o da ineficácia, por isso deve-se tomar cuidado para demonstrar que a procuração é feita em causa própria e que é vinculada a um contrato bilateral. [5] Como o tipo de procuração é extremamente específico e ligado à condição de sócios tanto do Outorgante como do Outorgado, não seria adequado substabelecer. [6] É importante coincidir a validade da procuração com a do documento societário ou parassocial no qual a cláusula de compra e venda forçada esteja inserida. [7] A cidade constante da procuração deve ser a mesma da sede da sociedade. [8] Sugere-se o reconhecimento de firma das assinaturas, ainda que não seja um requisito legal.

REFERÊNCIAS

AZEVEDO, Luís André N. de Moura; CASTRO, Rodrigo R. Monteiro de (Coord.). Sociedade Limitada Contemporânea. Editora Quartier Latin, São Paulo, 2013

BROOKS, Richard R.W., LANDEO, Claudia M. e SPIER, Kathryn E. Trigger happy or gun shy? Dissolving common-value partnerships with Texas shootouts. RAND Journal of Economics Vol. 41, nº 4, Winter 2010. p. 649-673 ISSN: 07416261.

CARVALHOSA, Modesto. Acordo de Acionistas, 2ª Edição. Saraiva, São Paulo, 2015

CARVALHOSA, Modesto. Comentários à Lei das Sociedades Anônimas, Vol. II. Artigos 75 a 137. 3ª Edição. São Paulo Saraiva. 2003

CARVALHOSA, Modesto e EIZIRIK, Nelson. A nova Lei das sociedades anônimas. São Paulo, Saraiva, 2002

COMPARATO, Fabio Konder e SALOMÃO FILHO, Calixto. O poder de controle nas sociedades anônimas. Rio de Janeiro, Ed. Forense, 2005.

CRÜGER. Arwed. Bargaining Theory and Fairness. A Theoretical and Experimental Approach Considering Freedom of choice and the Crowding-out of Intrinsic Motivation. Berlin, Duncker & Hubolt, 2002

CRUZ E TUCCI, José Rogério. Garantias Constitucionais do processo civil. São Paulo: RT, 1999

EIZIRIK, Nelson. A Lei das S/A Comentada. Vol. I – Artigos 1º a 120. São Paulo: Quartier Latin, 2011.

EIZIRIK, Nelson. A Lei das S/A Comentada. Vol. II – Artigos 121 a 188. São Paulo: Quartier Latin, 2011.

FLEISCHER, Holger e SCHNEIDER Stephan. Shoot-Out Clausis in Partnerships and Close Corporations – An Aproach from Comparative Law and Economic Theory. Max Planck Private Law Research Paper No. 11/13 European Company & Financial Law Review. 9, 1, 35-50, Mar. 2012. ISSN: 16132548.

FRUTOS, María-Angeles de e KITTSTEINER, Thomas. Efficient partnership dissolution under buy-sell clauses. RAND Journal of Economics (Wiley-Blackwell). 39, 1, 184-198, 2008. ISSN: 07416261.

GAGLIARDI, Guidalberto e MOLINARI, Marzio. Società 50-50, come risolvere eventuali dissidi. Revista Amministrazione & Finanza nº 2/2013

GOMES, Orlando, Contratos, Rio de Janeiro, Editora Forense, 26ª Edição. 2007

CEBRIÁ, Luis Hernando. El Conflicto entre Socios en Situaciones de Igualdad en las Sociedades de Capital. The conflict between partners in situations of equality in capital societies. Cuadernos de Derecho y Comercio. 56, 87-133, Dec. 2011. ISSN: 15754812.

IGLESIAS, Felipe Campana Padin. Opção de Compra ou Venda de Ações no Direito Brasileiro: Natureza Jurídica e Tutela Executiva Judicial. Dissertação apresentada como requisito parcial para obtenção do título de Mestre em Direito Comercial no curso de Pós-Graduação stricto sensu da Faculdade de Direito da Universidade de São Paulo. 2011.

KUGLER, Herbert Morgenstern. Os Acordos de Sócios nas Sociedades Limitadas. Existência, Validade e Eficácia. Editora Quartier Latin do Brasil. São Paulo, 2014.

LANDEO, CM. Shotguns and Deadlocks. Yale Journal on Regulation. 31, 143, Jan. 1, 2014.

LANDEO, Claudia M; SPIER, Kathryn E. Irreconcilable Differences: Judicial Resolution of Business Deadlock. The University of Chicago Law Review.

LANDRY MG, Canadian Medical Association Journal [Can Med Assoc J], ISSN: 0008-4409, 1979 Dec 22; Vol. 121 (12), pp. 1612-3; Publisher: Canadian Medical Association; PMID: 534981

LOBO, Carlos Augusto Silveira. O direito e o Tempo: Embates Jurídicos e Utopia, 2008, p. 313. Disponível em http://www.loboeibeas.com.br/archives/1733 acessado dia 09 de março de 2017.

MAHAFFY, AP. Shotguns, puts and calls: the advantages of buy/sell agreements for closely-held companies. CMA – the Management Accounting Magazine. 10, 23, 1997. ISSN: 1207-5183.

MARQUES, Evy Cynthia. O Direito de Retirada de Sócios de Sociedade Simples e Sociedade Limitada. Dissertação de Mestrado apresentada à Faculdade de Direito da Universidade de São Paulo. 2010. p. 23.

MATTOS FILHO, Ary Oswaldo. Radiografia das Sociedade Limitadas. Núcleo de Estudos em Mercados e Investimentos – FGV Direito SP (Agosto de 2014) disponível em https://direitosp.fgv.br/sites/direitosp.fgv.br/files/arquivos/anexos/radiografia_das_ltdas_v5.pdf acessado dia 09 de março de 2017.

MUNHOZ, Eduardo Secchi, Empresa contemporânea e direito societário poder de controle e grupos de sociedades. São Paulo. Juarez de Oliveira, 2002.

PINTO JUNIOR, Mario Engler. A Teoria dos Jogos e o Processo de Recuperação de Empresas. Revista de Direito Bancário e do Mercado de Capitais 31. Editora Revista dos Tribunais, 2006

SCHNABEL, Jacques A. The shotgun clause. School of Business and Economics, Wilfrid Laurier University, Waterloo, Canada

SILVA, Alcir da, A Delegação da Gerência nas Sociedades por Quotas de Responsabilidade Limitada, Revista de Direito da Procuradoria-Geral do Estado do Rio de Janeiro, 52, 1999, p. 170.

SILVA, De Plácido e. Vocabulário Jurídico. Atualizadores Nagib Slaibi Filho e Gláucia Carvalho, 27ª Edição. Rio de Janeiro, Forense. 2006.

TAVARES, Jean Max. Teoria dos jogos: aplicada à estratégia empresarial. Rio de Janeiro. Editora LTC, 2012

THORNHILL, Murray N; HAHN-RENNER, Brent. In: Governance Directions. June 2015, Vol. 67 Issue 5, p. 291, 4 p.; Chartered Secretaries Australia Ltd

WARDE JÚNIOR, Walfrido Jorge e JUNQUEIRA NETO, Ruy de Mello. Direito Societário Aplicado – baseado nos precedentes das câmaras reservadas de direito empresarial do Tribunal de Justiça do Estado de São Paulo. Saraiva 2014.

YARSHELL, Flávio Luiz; PEREIRA, Guilherme Setoguti J. (coords.) – Processo Societário. São Paulo: Quartier Latin, 2012

YARSHELL, Flávio Luiz; PEREIRA, Guilherme Setoguti J. (coords.) – Processo Societário – Volume II. São Paulo: Quartier Latin, 2015

ÍNDICE

INTRODUÇÃO	9
1 DELIMITAÇÃO DO TEMA	13
2. FORMAS DE RESOLUÇÃO DE CONFLITOS	27
3. CUIDADOS AO NEGOCIAR	51
4 COMPRA E VENDA FORÇADA E TEORIA DOS JOGOS	71
CONCLUSÃO	87
ANEXO I – Quoruns de Deliberação	89
ANEXO II – Exemplos de Cláusulas	95
ANEXO III – Exemplo de Procuração	99
REFERÊNCIAS BIBLIOGRÁFICAS	101